Münster

Matthias Eickhoff

Inhalt

Das Beste zu Beginn

Mittelalterliches Flair
Der kopfsteingepflasterte mittelalterliche Prinzipalmarkt ist Münsters ›gute Stube‹: ein Idyll aus prächtigen Giebelhäusern, dessen schönstes das historische Rathaus mit dem Friedenssaal ist. Abgerundet wird das stimmungsvolle Ambiente durch den hohen schlanken Turm der Lambertikirche mit seinen drei Täuferkäfigen.

Dom, Schloss und Adelshöfe
Vom Prinzipalmarkt sind es nur wenige Schritte zum spätromanischen Dom mit seiner kuriosen astronomischen Uhr. Zu den schönsten Adelshöfen zählt das Bischöfliche Palais am Dom sowie der Erbdrostenhof in der östlichen Altstadt. Das Schloss ist heute Sitz der Uni-Verwaltung.

Grüner Promenadenring
Einst sollten hier die ›störenden‹ Radfahrer aus dem Straßenverkehr verschwinden. Heute ist der grüne Gürtel rund um die Altstadt eine der wichtigsten autofreien Verkehrsadern der Stadt. Genießen Sie einen Bummel oder eine Radtour über die 4,5 km lange Allee im Schatten von 2000 mächtigen Linden.

Bummeln am See
Sie wollen ans Wasser, Skulpturen bewundern und dann noch in den Zoo? In Münster können Sie dies bequem am 40 ha großen Aasee machen, der sich von der Promenade nach Südwesten erstreckt. Entlang des Ufers befinden sich sehenswerte Skulpturen und mit dem Freilichtmuseum und dem Allwetterzoo schöne Ausflugsziele.

Skulpturen in der Stadt
Fünf international hochkarätig besetzte Skulpturenausstellungen haben seit 1977 in Münster ihre Spuren hinterlassen. Dutzende Skulpturen bereichern heute den öffentlichen Raum, von rotierenden Quadraten über rote Kirschen auf Sandsteinsäulen bis hin zu tierähnlichen Stahlstreben.

Neues Hafenleben

Münsters Stadthafen hat sich in den letzten 20 Jahren dramatisch gewandelt – Frachtschiffe ankern hier nicht mehr, dafür treffen Sie auf einen bunten Mix aus umgebauten Speichern, modernen Büros, Café-Terrassen, Clubs, Ateliers, Theater und sogar einer Käserei. Noch ist die Umwandlung nicht abgeschlossen, was unter dem Stichwort Gentrifizierung auch Probleme mit sich bringt.

Westfalenschmaus

Die westfälische Küche ist deftig und fleischhaltig. Die Gaststätten bieten Gerichte wie Töttchen, Wurstebrot oder Pfefferpotthast an, dazu schwarzes Pumpernickel-Brot, luftgetrockneten Schinken sowie Spargel. Beliebt ist das heimische Pinkus-Bier aus der letzten Altbierbrauerei der Stadt. Und zum Abschluss gibt es westfälischen Korn. Durch die Studenten hat sich das kulinarische Angebot aber natürlich sehr weit aufgefächert.

Leezen-Tour

Wer in Münster ist, sollten sich auf die ›Leeze‹ schwingen. Die Fahrradhauptstadt Deutschlands bietet viele Ausflüge an, von einer Runde auf der Promenade über eine Stadtrandtour an die Werse, in die Rieselfelder oder zur Burg Hülshoff bis zu längeren Touren in das Land der Wasserburgen und Wasserschlösser.

Spannung pur

Von wegen beschauliches Münster: Ob als Fernseh-Krimi oder in Buchform – Münster ist längst eine ausgewiesene Krimi-Metropole geworden. Folgen Sie den Spuren von Wilsberg, Thiel, Boerne & Co. durch die Stadt oder schmökern Sie in Ruhe in der angesagten Krimi-Literatur.

Münster ist weit mehr als die Postkartenidylle auf dem Prinzipalmarkt. Das liegt vor allem an den Studenten. Sie verjüngen die Stadt immer wieder.

Fragen? Erfahrungen? Ideen?

Ich freue mich auf Post.

Mein Postfach bei DuMont:
m.eickhoff@dumontreise.de

Das ist Münster

Die Münsteraner sind Lob gewohnt. Die Stadt gilt als Klimahauptstadt, sogar als »lebenswerteste Stadt der Welt«. Die 310 000 Einwohner freuen sich über den Mix aus historischer Postkartenidylle und zeitgenössischen Akzenten, aus studentischer Dynamik und Traditionsbewusstsein, aus großstädtischem City-Leben und ländlicher Umgebung. Trotz des enormen Wachstums bleibt die Stadt weiterhin ›im Grünen‹. Selbst zu Fuß ist man von der Altstadt schnell am Aasee. Und auch die grüne Parklandschaft des Münsterlandes und die Wasserburgen sind nicht weit weg.

Uni und Studentenleben

Münster ist eine junge Stadt mit rund 60 000 Studierenden an der Westfälischen Wilhelms-Universität sowie den acht weiteren Hochschulen. Allein die ›WWU‹ bietet ihren 45 000 Studierenden (darunter 3600 ausländischen) in 120 Studienfächern mehr als 280 Studiengänge. Weil es in Münster keinen zentralen Campus gibt, verteilen sich die Lehr- und Forschungsgebäude vom Domplatz aus vor allem im Westen der Stadt. Ohne Studenten wäre Münster heute gar nicht mehr vorstellbar.

Fahrradhauptstadt

Schon die Zahlen an sich beeindrucken: Die Münsteraner besitzen rund eine halbe Million Drahtesel und sind rund 400 000 Mal pro Tag auf ihrer ›Leeze‹ unterwegs. Damit hat der Radverkehr den größten Anteil am städtischen Verkehr. Es gibt sogar drei Fahrradparkhäuser. Besonderes Highlight ist für Radfahrer die schöne Promenade rund um die Altstadt. Münster wurde daher mehrfach zur fahrradfreundlichsten Stadt Deutschlands gekürt.

Wilsberg, Tatort & Co.

Auch in Film und Fernsehen müssen die Protagonisten natürlich aufs Rad, um authentisch zu bleiben. Privatdetektiv Georg Wilsberg und Hauptkommissar Frank Thiel klären regelmäßig mysteriöse oder skurrile Mordfälle auf. Bei ZDF und ARD gehören die beiden Krimireihen zu den beliebtesten Sendungen und haben Münster im Fernsehen einen Stammplatz verschafft (► S. 76).

Skulpturen-Metropole

Seit 1977 finden alle zehn Jahre internationale Skulpturenausstellungen statt. Diese Großevents haben die Stadt verändert, denn die Künstler dürfen sich bei den »Skulptur Projekten Münster« den Ort ihrer Installation selbst aussuchen. Nicht wenige rückten Gebäude wie den Zwinger, eine ehemalige Tankstelle oder sogar eine Toilette in ein neues Licht. Mittlerweile haben international renommierte Bildhauer wie Eduardo Chillida, Henry Moore und Ilya Kabakov in Münster ihre Arbeiten dauerhaft hinterlassen. Mehr als 60 Skulpturen sind allein in einer entsprechenden Broschüre der Stadt aufgeführt.

Münsters Schloss ist heute das Herzstück der Uni.

Wiedertäufer

Hoch am Turm der Lambertikirche hängen noch immer die drei Käfige, in denen 1536 die Leichen von Jan van Leiden, Bernd Knipperdollinck und Bernd Krechting zur Abschreckung ausgestellt wurden. Was war im so katholischen Münster geschehen? Aufgerüttelt vom wortgewaltigen Prediger Bernhard Rothmann setzte sich in Münster 1532/33 die Reformation durch, was auch Bischof Franz von Waldeck vertraglich zunächst akzeptierte. Doch innerhalb eines Jahres radikalisierten sich Rothmann und die Bürgerschaft weiter, bis 1534 die Täufer die Mehrheit im Rat errangen. Der holländische Prophet Jan Matthys sah in Münster das »Neue Jerusalem«, es kam zu Bilderstürmen, Andersgläubige wurden vertrieben. Nach Matthys Tod machte sich Jan Bockelson, genannt Jan van Leiden, zum König des Täuferreichs. Er setzte seine Herrschaft rigoros durch, doch 1535 konnte der Bischof die ausgehungerte Stadt schließlich durch Verrat erobern. Die drei führenden Wiedertäufer wurden am 22. Januar 1536 auf dem Prinzipalmarkt vor dem Rathaus zunächst gefoltert und dann hingerichtet.

Masematte

Münster hat eine sprachliche Besonderheit: In der zweiten Hälfte des 19. Jh. entwickelte sich in den Arbeiter- und Handwerkervierteln eine Subkultur mit eigener Geheimsprache: Masematte. Aber auch Wanderhändler bedienten sich dieser Mischung aus Jiddisch und Rotwelsch, um untereinander offen reden zu können. Als Umgangssprache ist Masematte ausgestorben, doch manche Wörter sind in den Alltagsgebrauch übergegangen: ›jovel‹ bedeutet gut, ›schovel‹ schlecht oder gemein. Am Wochenende gehen die Münsteraner ›schwofen‹ (tanzen) und gerne nutzen sie ihre ›Leeze‹ (Fahrrad).

Münster in Zahlen

1

Türmerin wacht hoch oben in der Lambertikirche.

3

Wiedertäufer-Käfige hängen an der Lambertikirche.

4,5

km lang ist der grüne Promenadengürtel rund um die Altstadt.

37

Porträts von Monarchen und Gesandten, die am Westfälischen Frieden 1648 beteiligt waren, hängen im Friedenssaal des Rathauses.

40

Hektar groß ist die Fläche des Aasees.

48

kg schwer ist die nichtmagnetische Metallkugel des Foucaultschen Pendels von Gerhard Richter, die in der ehemaligen Dominikanerkirche über einer gewölbten Platte aus Grauwacke schwebt.

64

Skulpturen erläutert der städtische »Skulpturenführer«.

200

Vogelarten steuern die Rieselfelder an.

303

km² ist Münster groß.

4000

Stellplätze gibt es in den drei Fahrradparkhäusern.

8000

Pflanzenarten wachsen im Botanischen Garten.

60 000

Studierende sind an Münsters Hochschulen eingeschrieben und machen etwa 20 % der Einwohnerzahl aus.

500 000

Fahrräder gibt es hier.

650 000

Gäste besuchen jährlich den Allwetterzoo.

2 650 000

Bände stehen in der Universitätsbibliothek.

14 260 000

Zuschauer sahen 2017 den Münster-Tatort »Fangschuss«. Rekord!

6

Münster-Krimis laufen im Schnitt pro Jahr im TV: 4x Wilsberg, 2x Tatort.

Was ist wo?

Münsters Innenstadt ist kompakt und überschaubar. Vom Hauptbahnhof im Osten bis zum Schloss im Westen sind es quer durch die Altstadt nur zwei Kilometer, sodass man zu Fuß oder per Rad alle zentralen Ziele schnell und bequem erreicht.

Promenade

Egal aus welcher Richtung man nach Münster kommt – wer in die Altstadt will, muss die Promenade (🕮 Karte 2, D–F 2–4) überqueren. Der von rund 2000 Linden gesäumte Grüngürtel der ehemaligen Wallanlagen umschließt die Altstadt. Die Promenaden-Allee ist durchgängig als Rad- und Fußweg ausgebaut und unterstreicht so Münsters Ruf als Fahrradhauptstadt.

Von der Promenade aus führen viele Wege in die Altstadt, knapp außerhalb des Rings liegen der Hauptbahnhof im Osten, das Kreuzviertel im Norden, das Schloss mit dem Sitz der Universität und dem Botanischen Garten im Westen sowie der Aasee im Südwesten.

Prinzipalmarkt und Domplatz

Innerhalb des Promenadenrings lockt die historische Altstadt mit dem malerischen Prinzipalmarkt, Münsters ›guter Stube‹ (🕮 Karte 2, E/F 3). Hier befinden sich im Zentrum der Kaufmannsstadt das mittelalterliche Rathaus mit dem Friedenssaal sowie die filigrane Lambertikirche mit den berühmten Wiedertäufer-Käfigen. Typisch für den Prinzipalmarkt sind die Patrizierhäuser mit ihren Arkadengängen. Von hier aus umschließt ein hufeisenförmiger Straßenring zum Aegidiimarkt im Süden und zum Spiekerhof im Norden die ehemalige Dom-Immunität.

Vom Prinzipalmarkt sind es nur wenige Schritte zum Domplatz mit dem spätromanischen St.-Paulus-Dom, dem geistigen Zentrum des Bistums Münster. Die Wochenmärkte auf dem Platz locken Gäste aus dem ganzen Münsterland und den benachbarten Niederlanden an. Am Domplatz befindet sich auch das LWL-Museum für Kunst und Kultur, dessen Neubau 2014 eröffnet wurde.

Altstadtviertel

Rund um den Prinzipalmarkt und den Domplatz schließen sich die Altstadtviertel an. Im Süden ist an der Königsstraße das Kunstmuseum Pablo Picasso (🕮 Karte 2, E/F 3) beheimatet. Parallel verläuft die Shoppingmeile Ludgeristraße (🕮 Karte 2, F 3/4). Im Osten führt die Fußgängerzone Salzstraße (🕮 Karte 2, F 3) zum Foucaultschen Pendel von Gerhard Richter in der ehemaligen Dominikanerkirche sowie zum barocken Erbdrostenhof und zur Clemenskirche, zwei der schönsten Bauwerke des Architekten Johann Conrad Schlaun.

Im Norden liegt mit dem Martiniviertel (🕮 Karte 2, F 2/3) ein eher ruhiges Viertel mit Restaurants, Cafés und dem Theater Münster, während sich im Nordwesten das Kuhviertel (🕮 Karte 2, E 2/3) mit seiner bunte Kneipenszene befindet. In der westlichen Altstadt dominiert zwischen Dom und Schloss das Unileben.

Schloss und Schlossgarten

Das ehemals fürstbischöfliche Residenzschloss (🕮 Karte 2, D 3) westlich der Altstadt verschafft der Uni eine repräsentative Adresse. Hinter dem Schloss ist der idyllische Landschaftspark des Schlossgartens für seinen hervorragenden Botanischen Garten bekannt.

Aasee und Allwetterzoo

Südwestlich der Promenade führt der knapp 2,5 km lange Aasee aus dem Zentrum der Stadt hinaus ins

Grüne zum bekannten Allwetterzoo, zu dem LWL-Naturkundemuseum mit Planetarium sowie zum Freilichtmuseum Mühlenhof (🗺 B–D 4–6).

Im Sommer tummeln sich Segler sowie Ausflügler in Ruder- und Tretbooten auf dem See, während die Uferwiesen gerne zum Picknick genutzt werden und Spaziergänger wie Jogger den See umrunden. Mehrere Cafés und Restaurants laden zur Pause mit Seeblick ein.

Hafen

Südöstlich des Hauptbahnhofs hat sich der ehemalige Münsteraner Stadthafen (🗺 G/H 5) am Dortmund-Ems-Kanal unter dem plakativen Begriff ›Kreativkai‹ in eine Ausgehmeile verwandelt: Theater, Kinos, Ateliers, Cafés und Restaurants teilen sich das angesagte Revier mit Büros und Fitnessstudios. Auch das Messe- und Kongresszentrum ›MCC Halle Münsterland‹ sowie der alternative Kultur- und Veranstaltungs-Treffpunkt ›Am Hawerkamp‹ sind im weitläufigen Hafenareal angesiedelt, dessen Umgestaltung noch lange nicht abgeschlossen ist.

Stadtrand

Münster ist umgeben von der reizvollen Münsterländer Parklandschaft, die sich am besten mit der ›Leeze‹ (Fahrrad) auf einer ›Pättkestour‹ erkunden lässt. Am Stadtrand finden sich viele attraktive Naherholungsgebiete: Im Norden ist das Vogelschutzreservat Rieselfelder von internationaler Bedeutung. Im Osten bietet der Wasserlauf der Werse mit seinen Auwäldern viel Auslauf für Paddler, Radler und Spaziergänger. Und im Süden locken die waldreiche Hohe Ward und das Venner Moor zu erholsamen Spaziergängen (🗺 Karte 3).

Burgentour

Münster und das Münsterland sind für ihre malerischen Wasserburgen bekannt. Am westlichen Stadtrand führen die Wasserburg Hülshoff und das barocke Rüschhaus u. a. in die Welt der Dichterin Annette von Droste-Hülshoff. Etwas weiter entfernt liegen nach Süden hin das prächtige ›Westfälische Versailles‹ in Nordkirchen sowie die malerische Burg Vischering in Lüdinghausen (🗺 Karte 3).

Malerische Altstadt

Möchten Sie das historische Flair der Altstadt genießen? Der Lambertikirchplatz unmittelbar am Prinzipalmarkt ist perfekt für eine relaxte Kaffeepause. Hier lassen sich die wieder aufgebauten Patrizierhäuser mit ihren prächtigen Giebeln vor dem Hintergrund der mächtig aufragenden Lambertikirche bewundern – Idylle pur!

Grüne Lunge

Einfach mal im Herzen von Münster ausspannen? Am Aasee
kein Problem. An schönen Tagen füllen sich die Wiesen
schnell mit sonnenhungrigen Studenten und Schülern. Die
Billardkugeln von Claes Oldenburg sind ein Wahrzeichen der
Stadt geworden und Teil des Skulpturen-Parks am Aasee-Ufer.

Partymeile am Wasser

Am Hafen wandelt sich Münster rasant. Statt Industrie und Getreidehandel dominieren heute Cafés und Nightlife die unteren Etagen der zu Büros umgebauten ehemaligen Speicher – und der Wandel ist noch längst nicht abgeschlossen. Vor allem an lauen Sommerabenden – wie hier beim Hafenfest – zieht es die Münsteraner ans Wasser.

Ihr Münster-Kompass

#2

Im Herzen der Bischofsstadt – **der Domplatz**

#3

Münsters Kunstschätze – **vom Landes- zum Picassomuseum**

UHRWERK? MEISTERWERK

WOZU NACH PARIS?

#1

Münsters ›gute Stube‹ – **der Prinzipalmarkt**

Mitten im Leben

WOMIT FANGE ICH AN?

Wo die Judenbuche entstand

#15

Literatur auf der Wasserburg – **Annette von Droste-Hülshoff**

VÖGEL UNTER SCHUTZ

#14

Schilf, Vogelgeschrei und weiter Horizont – **die Rieselfelder**

Hier radelt nicht nur der Kommissar.

TOOOOOR!

#13

›Pilgern‹ auf dem Prozessionsweg – **zur Werse**

#12

Freizeit und Kultur – **Strukturwandel am Hafen**

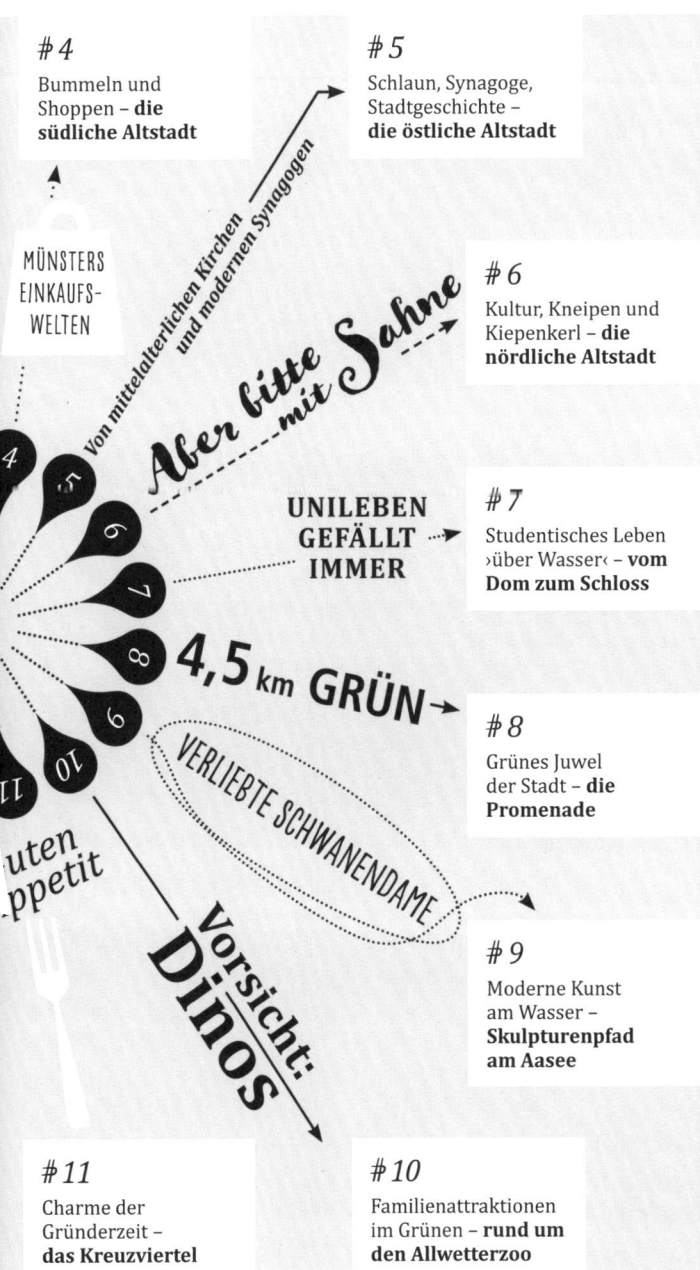

 # 4

Bummeln und
Shoppen – **die
südliche Altstadt**

 # 5

Schlaun, Synagoge,
Stadtgeschichte –
die östliche Altstadt

MÜNSTERS
EINKAUFS-
WELTEN

*Von mittelalterlichen Kirchen
und modernen Synagogen*

Aber bitte mit Sahne

 # 6

Kultur, Kneipen und
Kiepenkerl – **die
nördliche Altstadt**

**UNILEBEN
GEFÄLLT
IMMER**

 # 7

Studentisches Leben
›über Wasser‹ – **vom
Dom zum Schloss**

4,5 km GRÜN

 # 8

Grünes Juwel
der Stadt – **die
Promenade**

VERLIEBTE SCHWANENDAME

...uten
...ppetit

*Vorsicht:
Dinos*

 # 9

Moderne Kunst
am Wasser –
**Skulpturenpfad
am Aasee**

 # 11

Charme der
Gründerzeit –
das Kreuzviertel

 # 10

Familienattraktionen
im Grünen – **rund um
den Allwetterzoo**

Münsters ›gute Stube‹ – der Prinzipalmarkt

Auf dem Prinzipalmarkt schlägt das Herz der Westfalenmetropole: Die filigrane Fassade des historischen Rathauses, die prächtigen Patrizierhäuser mit ihren schicken Schaugiebeln, die charakteristischen Bogengänge sowie der mächtig aufragende Kirchturm von St. Lamberti geben dem mittelalterlichen Straßenzug reichlich Flair. Ein Highlight ist der Besuch des geschichtsträchtigen Friedenssaals.

Typisch für den Prinzipalmarkt: die stimmungsvollen Bogengänge

Der fotogene Straßenzug gilt als die ›gute Stube‹ der Stadt. Unter den Arkaden befinden sich einige der exklusivsten Geschäfte. Und einige Straßencafés sorgen für angenehme Entspannung. Dass Einheimische wie Besucher heute noch das mittelalterliche Kaufmanns-Ensemble bewundern können, liegt an der wegweisenden Entscheidung, den historischen Straßenzug nach der fast vollständigen Zerstörung im Zweiten Weltkrieg wenigstens in vereinfachter Form wieder aufzubauen.

Zentrum der Bürgerstadt

Schon im 10. Jh. hatten Kaufleute begonnen, sich östlich der Domburg anzusiedeln. Ab dem 12. Jh. wurde der Prinzipalmarkt im Zuge der Stadtwerdung zum Wohnort der wichtigsten Patrizier und Kaufmänner.

Durch den Bau des Rathauses sowie der Lambertikirche entwickelte sich nur wenige Schritte vom St.-Paulus-Dom und dem Sitz des Bischofs eine zweite Machtzentrale, was im Laufe der Jahrhunderte immer wieder für Konflikte sorgen sollte.

Selbstbewusstes Machtsymbol

Kein Gebäude dokumentiert den Stolz und den Aufstieg der Münsteraner Bürgerschaft mehr als das historische **Rathaus** **1** mit seiner gotischen Prachtfassade über den markanten Bogengängen. Die Fassade sowie die große Bürgerhalle wurden im 14. Jh. errichtet, als Münster auf dem Weg war, zur führenden Hansestadt Westfalens zu werden. Die selbstbewusste Bürgerschaft setzte hier ein eindrucksvolles Ausrufezeichen, um die wirtschaftliche Blüte Münsters zu dokumentieren. Heute befindet sich in der Bürgerhalle eine Zweigstelle der Touristeninformation, über der Bürgerhalle tagt der Stadtrat. An einer Säule der Bogengänge wurden nach dem Zweiten Weltkrieg übrigens die Gesichter der drei führenden Wiedertäufer verewigt (s. u.).

Friedensschluss im Rathaus

Hinter der Bürgerhalle verbirgt sich der älteste Teil des Rathauses, der **Friedenssaal**. Der als Ratskammer erbaute Saal entstand wohl bereits an der Wende zum 13. Jh. Er beeindruckt heute durch die kunstvolle Holzvertäfelung aus dem 16. Jh., die von dem Münsteraner Künstler Hermann tom Ring stammt. Hinter dem massiven Richtertisch und der Bürgermeisterbank zur Linken befinden sich in der Holzwand 22 Wandschrankfächer.

Zur Rechten stehen die Gerichtsschranke sowie ein reich verzierter Kamin, der 1621 für das

Im Turm der Lambertikirche **7** 75 m über dem Boden ist Martje Saljé seit 2014 als Türmerin im Einsatz. Von Mittwoch bis Montag, von 21 bis 24 Uhr tutet sie alle halbe Stunde in ihr Horn: nach Süden, Westen und Norden. So schützt die gelernte Musikwissenschaftlerin und Historikerin die Stadt vor Unheil. Münsters höchster Arbeitsplatz ist seit dem Großbrand 1383 urkundlich verbürgt. Das aktuelle Horn hält schon seit 1950.

Rathaus

Krameramtshaus (▸ S. 41) erschaffen worden war. Vor dem Kamin ist der Goldene Hahn der Ehrenpokal der Stadt Münster, aus dem wichtige Gäste einen ordentlichen Schluck Wein zu sich nehmen dürfen. Die mumifizierte Hand hat einst wahrscheinlich zu einer ermordeten Person gehört und diente bei der Gerichtsverhandlung als Leibzeichen.

Oberhalb der geschnitzten Ratsbänke und neben dem Kamin verweisen die 37 Porträts der gewichtig dreinschauenden Personen auf den Westfälischen Frieden von 1648. In der oberen Reihe sind u. a. Kaiser Ferdinand III., der französische Sonnenkönig Ludwig XIV. im Kindesalter sowie der spanische König Philipp IV. zu sehen.

In der unteren Reihe ist ganz rechts der päpstliche Vermittler Fabio Chigi (sprich: Kiedschi) dargestellt. Chigi wurde 1655 als Alexander VII. selbst zum Papst. Er verpasste der Stadt den Ruf, »Heimat des Regens« zu sein. Andererseits sollen ihn die Bogengänge am Prinzipalmarkt zum Bau der Kolonnaden am Petersplatz inspiriert haben.

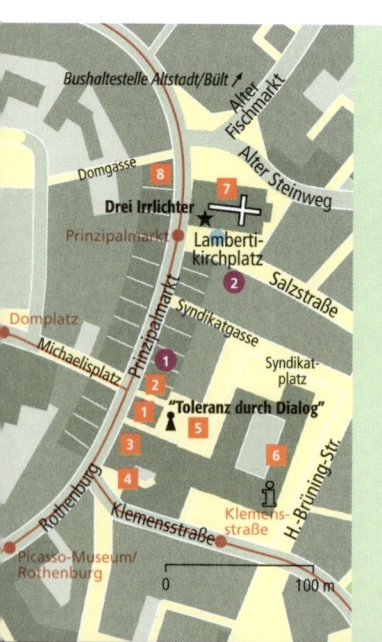

INFOS/ÖFFNUNGSZEITEN

Rathaus-Bürgerhalle und Friedenssaal 1: Prinzipalmarkt 10, Di–Fr 10–17, Sa/So 10–16 Uhr, Eintritt Friedenssaal: 2/1,50 €

KULINARISCHES FÜR ZWISCHENDRIN

Das **Stuhlmacher** ❶ (Prinzipalmarkt 6–7, T 0251 448 77, www.gasthaus-stuhlmacher.de, Mo–Do 10.30–23.30, Fr/Sa 10.30–0.30, So 11–23 Uhr, Hauptgerichte 9–30 €) mit typisch westfälischer Küche ist eines der bekanntesten Traditionslokale der Stadt Münster. Tagsüber sitzen Sie auf der Terrasse im prallen Leben, abends dagegen ist die Atmosphäre richtig lauschig. Auf dem Lambertikirchplatz ist die malerische Terrasse des Cafés **Il Panino** ❷ (Salzstr. 61, Mo–Sa 10–20, So 10–17 Uhr) ein erholsamer Ort für Kaffee, Kuchen oder auch eine Pizza.

Cityplan: Karte 2, F 3 | **Anfahrt: Bus** Prinzipalmarkt, Altstadt/Bült, Klemensstraße

Und vom Rathausgiebel schwärmte er, dieser scheine »fast den Himmel zu berühren«.

Doch die 1643 zeitgleich in Münster und Osnabrück begonnenen Friedensverhandlungen laufen zäh, weil man überhaupt nicht direkt miteinander verhandelt. Wie schwierig es war, verdeutlicht das Bonmot eines Gesandten: »Die Hölle ist leer, denn alle Teufel sind in Münster.«

Am 30. Januar 1648 ist es endlich soweit: Im Krameramtshaus unterzeichnen Spanien und die Niederlande ihren Friedensvertrag, der die Unabhängigkeit der Niederlande besiegelt. Am 15. Mai beschwören die Gesandten ihren Friedensschluss feierlich im Ratssaal, der so zum Friedenssaal wird. Auch die Schweiz kann sich ihre Unabhängigkeit sichern, die Reichsstände gewinnen an Bedeutung.

Prächtige Kaufmannshäuser

Das Rathaus ist eingerahmt von weiteren beeindruckenden Gebäuden. Das repräsentative **Stadtweinhaus** 2 stammt aus dem frühen 17. Jh., der Balkon dient bei offiziellen Anlässen als Festtribüne. Darüber ist das Stadtwappen an der Renaissancefassade angebracht. Das **Ostendorff-Haus** 3 ist ein markanter Vertreter eines spätgotischen Kaufmannshauses aus der Zeit um 1500, und am südlichen Ende des Prinzipalmarkts ist der **Stadthausturm** 4 mit einem Glockenspiel ausgestattet (▶ S. 41).

Münster verleiht alle zwei Jahre den Westfälischen Friedenspreis: in Gedenken an das Ende des Dreißigjährigen Krieg. Und wer gehört alles zu den Preisträgern? Unter anderem Kofi Annan, König Abdullah, Vaclav Havel, Daniel Barenboim und die Besatzung der Internationalen Raumstation.

Merkel, Klitschko, Grass und auch der Friedensnobelpreisträger Dalai Lama haben schon aus dem Goldenen Hahn im Friedenssaal des Rathauses getrunken.

*Wacht über Münster:
die Türmerin der Kirche
St. Lamberti*

Hinter dem Rathaus errichtete der bekannte baskische Bildhauer Eduardo Chillida 1993 auf dem **Platz des Westfälischen Friedens** `5` seine Sitzbank-Skulptur »Toleranz durch Dialog«. Zur Adventszeit verwandelt sich der Platz – umgeben vom Nachkriegsbau des Stadthaus 1 `6` – in den zentralen Weihnachtsmarkt der Stadt.

Lambertikirche

Am nördlichen Ende des Prinzipalmarkts dominiert am Lambertikirchplatz die schmucke gotische **Lambertikirche** `7` die Szenerie. Die wichtigste Stadtkirche hat viel erlebt: 1532/33 wurde hier Bernhard Rothmann zum lutherischen Reformator. Schon bald radikalisierte sich Rothmann und bereitete den Wiedertäufern (▶ S. 7) den Boden. Als der Bischof Münster zurückeroberte, ließ er deren hingerichtete Anführer 1536 zur Abschreckung in drei Käfigen am Lambertikirchturm aufhängen. 1987 installierte Lothar Baumgarten »Drei Irrlichter« als Skulpturprojekt in den Käfigen, die abends gut zu erkennen sind. 1941 hielt Bischof von Galen in der Lambertikirche eine mutige Rede gegen die Euthanasie-Morde der Nazis. Diese nahmen ihn dafür aber nicht fest. Sie wollten verhindern, einen Märtyrer zu schaffen.

Der jetzige, rund 90 m hohe Kirchturm entstand erst 1887–98. Am westlichen Eingang versah der Bildhauer zwei Apostel mit den Gesichtszügen von Goethe und Schiller. Der Prinzipalmarkt endet gegenüber mit dem einzigen Haus des gesamten Straßenzugs **Nr. 48** `8` (ehemals Café Kleimann) mit der Jahreszahl 1627, dessen Fassade den Zweiten Weltkrieg überstand.

→ **UM DIE ECKE**

Wenn Sie Münster aus der Vogelperspektive sehen möchten, lockt im 11. Stock des **Stadthauses 1** `6` ab Mitte 2019 ein ganz besonderes Angebot: Hoch über den Köpfen der Stadt war bei Redaktionsschluss im Zuge des Stadthaus-Umbaus die Eröffnung des Café-Bistros **1648** angekündigt. An schönen Tagen ist dort ein fantastischer Panoramablick über die Altstadt bis zu den Baumbergen im Westen garantiert – das Café könnte zu einem neuen Publikumsrenner werden.

Im Herzen der Bischofsstadt – **der Domplatz**

Keimzelle und religiöses Zentrum des Bistums ist der Münsteraner Domplatz. Der St.-Paulus-Dom birgt Kostbares wie die fast 500 Jahre alte Astronomische Uhr und die Domkammer. Der bunte Wochenmarkt vor dem spätromanischen Sandstein-Dom ist ein beliebter Treffpunkt.

Vom Prinzipalmarkt sind es über den Michaelisplatz oder die Domgasse nur wenige Schritte zum **Domplatz** 1 mit dem St.-Paulus-Dom.

Keimzelle der Stadt

Der leicht erhöhte Bereich östlich des Flüsschens Aa sowie eine nahegelegene Furt boten Ende des 8. Jh. dem friesischen Missionar Liudger ideale

Spätromanische Eleganz: der St.-Paulus-Dom

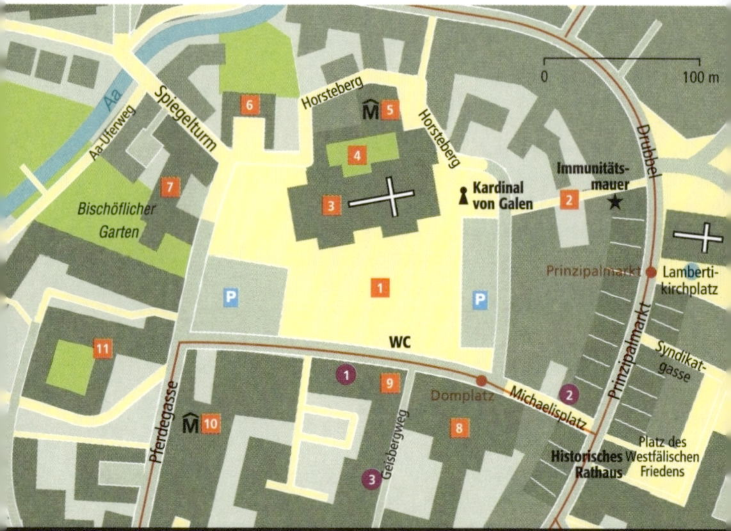

Cityplan: Karte 2, E/F 3 | **Anfahrt: Bus** Domplatz

INFOS/ÖFFNUNGSZEITEN

Domkammer 4: www.domkammer-muenster.de, z. Zt. geschl.

KULINARISCHES FÜR ZWISCHENDRIN

An der Südseite des Domplatzes ist das **Marktcafé** ❶ (Domplatz 6–7, T 0251 484 23 00, www.marktcafe-ms.de, Mo–Fr 9–1, Sa 8–1, So 10–21 Uhr) mit seiner Mischung aus Kaffeehaus und Bistro eine Institution. Sowohl vorne als auch hinten laden bei schönem Wetter Terrassen zum Entspannen ein.

Eine Alternative ist die **Boulangerie Pain et Gâteau** ❷ (Michaelisplatz 9, T 0251 13 32 20, www.krimphove.de, Mo–Sa 9–19, So 9–18 Uhr) zwischen Rathaus und Domplatz. Ein beliebter Szenetreff ist die Café-Bar **Fyal Central** ❸ (Geisbergweg 8, T 0251 703 63 63, www.fyalcentral.de, Mo–Sa 10–24, So 12–19 Uhr) in der ehemaligen Remise der Dompropstei (1724).

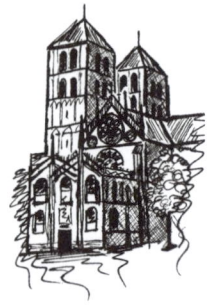

Bedingungen für die Anlage eines Klosters im sächsischen Mimigernaford, der Vorläufersiedlung von Münster.

Nach der Erhebung zum Bischofssitz im Jahr 805 entstanden hier auch ein erster Dom sowie eine umfriedete Siedlung. Doch nach der Zerstörung der Stadt 1121 gingen alle Kaufleute und Handwerker aus dem Dombereich in die neue Kaufmannssiedlung. Den Dombezirk als eigenständiger Stadtbereich umgab sogar eine Immunitätsmauer. Ein letztes Stück der Mauer aus dem späten 13. Jh. ist in der **Domgasse** 2 erhalten geblieben.

Spätromanische Bischofskirche

Unbestrittener Mittelpunkt des Domplatzes ist der **St.-Paulus-Dom 3**, 1264 in spätromanischer Form geweiht. Der helle Baumberger Sandstein strahlt seit einer Grundsanierung 2013 wieder in altem Glanz und verleiht der größten Kirche Westfalens viel Charme. Seit dem Zweiten Weltkrieg betritt man den Dom durch das reich verzierte gotische Paradies auf der Südseite. Im Inneren thront Jesus über dem Eingang zum Dom, darunter wacht Schutzpatron Paulus mit dem Schwert. Zu sehen sind auch zehn Apostelfiguren. Während der Paulus um 1540 entstand, stammen Christus und die Apostel schon aus der 1. Hälfte des 13. Jh.

Im Kircheninneren setzen Sie sich am besten zunächst auf das Chorgestühl aus dem 16. Jh. zur Linken, wo einst der Haupteingang war, und lassen den Dom auf sich wirken. Der barocke Hochaltar von Gerhard Gröninger (1619–22) stand ursprünglich im Hochchor.

Beim Rundgang durch die Kirche sind u. a. die große Christophorus-Figur (1627) sowie die kunstvollen Epitaphe aus dem 16. und 17. Jh. bemerkenswert. Sie sind an den Seitenwänden und den massiven Säulen angebracht.

Besonders ins Auge fällt im Nordflügel des östlichen Querschiffs der Stephanus-Altar mit dem prächtigen Epitaph für den Domdechanten Heidenreich von Lethmathe, das um 1630 ebenfalls Gerhard Gröninger erschaffen hat.

Gegenüber im selben Querschiff befindet sich das ungewöhnliche Prunkgrab des Fürstbischofs Friedrich Christian von Plettenberg-Lenhausen

U UHRWERK

Ein wahres Kleinod im Dom ist die Astronomische Uhr von 1540/43 an der Südseite des Chors. Sie zeigt die Uhrzeit, die Monate, Jahreszeiten und die Sternenkonstellationen an. Die kleinen Monatsbilder malte der Münsteraner Ludger tom Ring. Die Uhr ist bis ins Jahr 2071 genau eingestellt – eine technische Meisterleistung! Zu jeder Viertelstunde schlägt oberhalb des Uhrwerks der Tod die Zeit. Und Chronos dreht seine Sanduhr um. Jeden Tag um 12 Uhr (sonntags 12.45 Uhr) lockt ein Glockenspiel mit den Drei Königen, Maria und Jesus die Besucher in den Dom.

Der Dom: Zentrum des Bistums und der gesamten Altstadt

Unterhalb des Domplatzes gibt es eine Rarität: Die öffentliche WC-Anlage gegenüber der Post hat Hans-Peter Feldmann 2007 im Rahmen der »Skulptur Projekte« völlig umgestaltet und als Kunstwerk aufgewertet.

An drei Tagen bietet der Domplatz lebendiges Markttreiben inklusive Snacks und Kaffee. Das ist für die Münsteraner pures Lebensgefühl. Mittwochs und samstags dauert der große Wochenmarkt von 7 bis 14.30 Uhr, freitags geht der kleinere Öko-Bauernmarkt von 12 bis 18 Uhr.

(1644–1706) mit Uhr. Auf den Fürstbischof geht u. a. der Bau von Schloss Nordkirchen (▸ S. 81) zurück. Im gegenüberliegenden Südflügel des Querschiffs ist die Orgel untergebracht.

Im Chorumgang ist in den vier Kapellen u. a. Kardinal Clemens August von Galen beerdigt, der 2005 seliggesprochen wurde, der 1941 mit seiner Rede gegen die Euthanasie-Opfer der Nazis für Aufsehen sorgte. Gleich nebenan erhielt Fürstbischof Christoph Bernhard von Galen von Johann Mauritz Gröninger ebenfalls ein Prunkgrab (1678).

Domschätze

An der Nordseite des Doms erreicht man den stimmungsvollen Kreuzgang, der den **Domherrenfriedhof** 4 umschließt. Über den Kreuzgang wird auch die **Domkammer** 5 erreicht, die aber seit 2017 wegen baulicher Probleme auf unbestimmte Zeit geschlossen ist. So sind insbesondere das prächtige Kopfreliquiar des hl. Paulus (11. Jh.) und der älteste Tragaltar des Doms (12./13. Jh.) derzeit nicht zu sehen. Bei Redaktionsschluss hatte das Bistum noch nicht über Renovierung oder Neubau entschieden.

Domplatz

Im 18. Jh. beherrschten stattliche Kurien der Domherren das Gelände rund um den St.-Paulus-Dom. An der Nordwestseite des St.-Paulus-Doms gewähren nur noch die ehemalige **Kettelersche Doppelkurie** 6 (1712–36, heute Dompfarramt) sowie das dreiflügelige **Bischöfliche Palais** 7 (1732, heute Wohnsitz des Bischofs und Sitz des Generalvikariats) einen Eindruck vom einstigen Aussehen des Domplatzes.

Die Preußen siedelten im 19. Jh. nach Übernahme der Provinz Westfalen viele staatliche und öffentliche Institutionen am Domplatz an. Mit dem **Regierungspräsidium** 8, der **Post** 9, dem **LWL-Museum für Kunst und Kultur** 10 (▸ S. 30) sowie dem universitären **Fürstenberghaus** 11 ist der Platz heute in eine kirchliche und eine weltliche Hälfte geteilt.

Neben dem bunten Markttreiben dient die weite Fläche des Domplatzes heute auch für Open-Air-Konzerte beim Stadtfest und für große Demonstrationen als Veranstaltungsort.

Münsters Kunstschätze – **vom Landes- zum Picassomuseum**

Das zentrale LWL-Museum für Kunst und Kultur schlägt mit seinen Meisterwerken einen beeindruckenden Bogen vom Mittelalter zur zeitgenössischen Kunst. Gleich nebenan wird seit Jahren die universitäre Museumszeile mit Archäologie-, Geo- und Bibelmuseum umgebaut. International renommiert ist das Kunstmuseum Pablo Picasso Münster.

 # 3

Der Domplatz ist der beste Ausgangspunkt für einen Museumsrundgang. Im Dom selbst sind die religiösen Kunstwerke in der **Domkammer** **1** derzeit leider nicht zu sehen (▶ S. 28). Der Rundgang endet am Prinzipalmarkt.

Nicht nur Paris und Barcelona: Picasso ist auch in Münster präsent.

Westfälische Kunstschätze

Auf der Südseite des Domplatzes befindet sich ein kulturelles Flaggschiff für die gesamte Region, das seit 2014 in vollkommen neuem Gewand erscheint: Der Neu- und Umbau des **LWL-Museums für Kunst und Kultur** 2 – in Münster besser bekannt als ›das Landesmuseum« – wurde nach Plänen von Volker Staab realisiert. Seither ist auch der Zutritt von der Rothenburg möglich, wo im offenen Innenhof bei Dunkelheit jährlich wechselnde Videoinstallationen zu sehen sind.

Thematisch führt der Rundgang zunächst in die Romanik: Das Bockhorster Triumphkreuz (Ende 12. Jh.), die ältesten Steinskulpturen Westfalens (Mauritzkirche Münster, 1070/80) oder aber das Soester Antependium (1170/80) als ältestes erhaltenes Altarbild nördlich der Alpen bilden nur einige der Highlights. Zu sehen sind auch kostbare Elfenbeinarbeiten sowie Glasmalereien. Sehr passend ist in

Cityplan: Karte 2, E/F 3 | **Anfahrt: Bus** Domplatz, Aegidiimarkt/LWL-Museum

der neuen Museumsspitze ein großes Fenster mit Blick auf den Dom. Präsentiert werden auch einige kunstvolle Werke der Bildhauerfamilie Brabender sowie der Malerfamilie tom Ring, die im 16. Jh. in Münster tätig waren. Im landesgeschichtlichen Bereich werden zudem die Täuferzeit und der Westfälische Frieden thematisiert.

Im denkmalgeschützten Altbau von 1908 beeindrucken Meisterwerke von Macke (▶ S. 32), Munch, Pechstein, Kirchner, Ernst, Vasarely und Kandinsky. Ungewöhnlich sind die zeitgenössischen Werke des Licht-Künstlers Otto Piene (»Die Geschichte des Feuers« und die südliche Außenfassade des Museums), außerdem fallen Arbeiten von Joseph Beuys, Richard Serra und das »Mongolische Zelt« von Nam June Paik (1993) ins Auge.

An der Südseite des LWL-Museums schließt sich der **Westfälische Kunstverein** 3 mit zeitgenössischen Wechselausstellungen an.

Das LWL-Museum ist alle zehn Jahre im Sommer Scha uplatz für internationale Skulpturprojekte (www.skulptur-projekte.de). Im Museum selbst sind im schönen Lichthof des Altbaus regelmäßig Installationen zu sehen. Auch das Archiv der Skulpturprojekte befindet sich hier.

INFOS/ÖFFNUNGSZEITEN

LWL-Museum für Kunst und Kultur 2: Domplatz 10, T 0251 59 07 201, www.lwl-museum-kunst-kultur.de, Di–So 10–18 Uhr (an jedem zweiten Freitag im Monat 10–22 Uhr, dann freier Eintritt), 8/4 € (Audioguide 2 €), Führungen Fr 14.30, Sa/So 15 Uhr (im Eintrittspreis enthalten)

Westfälischer Kunstverein 3: Rothenburg 30, T 0251 46 157, www.westfaelischer-kunstverein.de, bei Ausstellungen Di–So 11–19 Uhr, 4/2 €

Archäologiemuseum 4: Domplatz 20–22, www.uni-muenster.de/archaeo logischesmuseum, Wiedereröffnung für Ende 2019 geplant

Geomuseum 5: Pferdegasse 3, www.uni-muenster.de/geomuseum, Wiedereröffnung für Ende 2019 geplant

Bibelmuseum 6: Pferdegasse 1, www.uni-muenster.de/bibelmuseum, Wiedereröffnung für Ende 2019 geplant

Kunstmuseum Pablo Picasso Münster 7: Picassoplatz 1, Münster Arkaden, T 0251 41 44 710, www.kunstmuseum-picasso-muenster.de, Di–So 10–18 Uhr, 10/8/4 € (Di für Schüler und Studierende 4 €)

KULINARISCHES FÜR ZWISCHENDRIN

Im LWL-Museum bietet das Café-Restaurant **Lux** 1 (Domplatz 10/Rothenburg, T 0251 98 16 10 30, www.das-lux.de, So–Do 10–24, Fr–Sa 10–1 Uhr, Hauptgerichte 9–27 €) »Barkultur und Grillkunst«: kleine Bistrokarte in hellem Ambiente, Terrasse; abends gehobenere Küche.

Das ansprechende ›Picasso‹-Café **La Californie** 2 (Picassoplatz 1, Münster Arkaden, T 0251 490 28 69, www.la-californie.de, Di–Fr 11–18, Sa/So 10–18 Uhr) lädt auf eine entspannende Pause bei Kaffee, Kuchen und kleinen Gerichten ein.

In den benachbarten Arkaden ist das **Pablo** 3 (Münster Arkaden, Ludgeristr. 100, T 0251 490 28 99, www.pablo-muenster.de, Mo–Sa 9–22, So 10–19 Uhr, im Sommer So geschl., Gerichte 6–11 €) ein künstlerisch gestaltetes, quirliges Café und Bistro.

Lichtinstallationen wie diese haben Otto Piene berühmt gemacht.

M
MACKE

Das LWL-Museum würdigt besonders August Macke (1887–1914), dessen Archiv in Münster beheimatet ist. Der Expressionist aus dem Sauerland schuf ein stilprägendes Werk, darunter der »Sonnige Weg« (1913) sowie »Tunesisches Hafenbild« (1914). Gemeinsam mit Franz Marc malte er 1912 das großartige Wandbild »Paradies«.

Universitäre Museumszeile

In unmittelbarer Nachbarschaft des LWL-Museums renoviert die Universität im Fürstenberghaus derzeit ihr kleines, feines **Archäologiemuseum** 4 mit Schwerpunkt auf dem vorrömischen Mittelmeerraum. Wenige Meter weiter soll nach mehrjährigem Umbau in der barocken Landsbergschen Kurie Ende 2019 endlich das **Geomuseum** 5 der WWU mit einem riesigen Mammut als Blickfang öffnen. Nebenan soll das kleine **Bibelmuseum** 6 der Uni, das kostbare Bibeldrucke präsentiert, ebenfalls wieder öffnen. Zusammen mit dem LWL-Museum soll ein kleines Museumsviertel entstehen.

Pablo Picasso in Westfalen

Picasso in Münster? Aber ja! Das Sammlerpaar Jutta und Gert Huizinga brachte die international vollständigste lithografische Picasso-Sammlung in eine Stiftung ein und legte damit den Grundstock für dieses hervorragende Museum.

Im Jahre 2000 öffnete das **Kunstmuseum Pablo Picasso Münster** 7 hinter der klassizistischen Fassade des einstigen Druffel'schen Hofs (1784–88) an der Königsstraße seine Pforten und wurde in den Neubau der Münster Arkaden integriert.

Mittlerweile verfügt das Museum auch über hochkarätige Werke von Marc Chagall, Georges Braque, Henri Matisse und Joan Miró. Immer wieder gelingt es, mit erstklassigen Sonderausstellungen das Werk von Picasso und seiner Zeitgenossen aus den verschiedensten Blickwinkeln spannend zu beleuchten.

Bummeln und Shoppen – **die südliche Altstadt**

Schöne Adelshöfe an der Königsstraße, die filigrane Ludgerikirche am lauschigen Marienplatz sowie moderne Einkaufswelten an der Ludgeristraße und Stubengasse: Die südliche Altstadt bietet eine sehr attraktive Mischung aus Sightseeing, Einkaufsvergnügen und Entspannung.

Vom **Prinzipalmarkt** 1 geht es die Rothenburg hinunter zur Königsstraße. Während zur Linken die **Münster Arkaden** ℹ mit Buch-, Mode- und Elektrogeschäften sowie mit einem Biosupermarkt und Cafés ihre modernen Pforten öffnen, dominiert zur Rechten die prächtige Renaissancefassade des **Guldenarm-Hauses** 2 (1583) die

Düsseldorf hat die Kö, Münster die mindestens so eleganten Bogengänge: Window-Shopping am Prinzipalmarkt.

Auf dem Marienplatz ist nicht etwa die Mariensäule der Blickfang, sondern seit 1997 die verästelte Skulptur »100 Arme der Guan-yin« vom chinesischstämmigen Künstler Huang Yong Ping. Der außergewöhnliche überdimensionale Flaschentrockner bezieht sich auf die 1000-armige buddhistische Göttin Guan-yin.

Sichtachse der Königsstraße. Einst waren entlang der Gasse nicht weniger als zehn große und kleine Adelshöfe angesiedelt, welche den adligen Familien des Münsterlandes ein repräsentatives Stadtquartier boten. Nach dem Zweiten Weltkrieg wurden allerdings nicht alle Höfe wieder aufgebaut.

Gleich zur Linken wurde der Druffel'sche Hof (1784–88) zum **Kunstmuseum Pablo Picasso Münster** ❸ umgewandelt (▶ S. 32). Ein Stückchen weiter liegt am kleinen **Adolph-Kolping-Platz** ❹ ein schönes Ensemble: Neben dem kastenförmigen Neubau des Ketteler'schen Hofes steht zur Rechten der rote Backstein-Fachwerkbau der alten Kaplanei von St. Aegidii. Früher befand sich hier ein Kapuzinerkloster, heute schließen sich das Oberverwaltungsgericht und das NRW-Verfassungsgericht an.

Die Südseite des von hohen Bäumen gesäumten Platzes wird vom Heereman'schen Hof beherrscht. Die kunstvolle Renaissancefassade aus dem Jahr 1564 macht den einstigen Adelshof zu einem Schmuckstück der Königsstraße. Die

---

KULINARISCHES FÜR ZWISCHENDRIN
Münsters wohl beste Eisdiele, das
Eiscafé Firenze / Königspassage

❶ (Königsstr. 12, tgl. 10–22/23 Uhr), bietet eine große Vielfalt und eine nette Terrasse.

Am Marienplatz ist das **Café Extrablatt Königsstraße** ❷ (Königsstr. 31, T 0251 433 06, www.cafe-extrablatt.com, Mo–Sa 9–1, So 9.30–1 Uhr) ein populäres Café-Bistro mit Frühstücksbuffet. Gegenüber bietet das kleine **Café Die Bohne** ❸ (Ludgeristr. 60, T 0251 250 99 44, www.diebohne-ms.de, Mo–Fr 10–19, Sa 10–18 Uhr) nicht nur von Anja Gendolla selbst geröstete Kaffeespezialitäten, sondern auch leckere Schokoladen und Tische auf dem Platz.

Solide italienische Küche in freundlicher Atmosphäre bietet die **Trattoria Italiana da Leo e Manú** ❹ (Königsstr. 36/37, T 0251 446 17, www.trattoria-italiana.com, Mo–Sa 12–23.30 Uhr, Pizza/Pasta 7–14,50 €; Mittagstisch).

Cityplan: Karte 2, E/F 3/4 | **Anfahrt: Bus** Prinzipalmarkt, Picassomuseum, Klemensstraße

anderen drei Seiten sind in rotem Backstein gehalten. Heute wird das Gebäude universitär genutzt.

Vom einstigen Beverfoerde'schen Hof (Königsstr. 46, 1699–1703) blieb nur der Nordflügel erhalten. Der kleine **Oersche Hof** 5 (Nr. 42, Mitte 18. Jh.) soll auf Schlaun zurückgehen, im Jahr 1798 wurde die Tordurchfahrt ergänzt. Nebenan gehört der **Sendensche Hof** 6 (Nr. 39, 18. Jh.) heute zu einer Bank.

Romanisch-gotische Eleganz

Die gegenüberliegende **Ludgerikirche** 7 wurde um das Jahr 1180 begonnen und gehört zu den schönsten Sakralbauten in Münster. Der filigrane Bau wird abends lichttechnisch wirkungsvoll in Szene gesetzt.

Innen wirkt die Kirche eher etwas schlicht, der hoch aufragende gotische Chor mit den modernen Buntglasfenstern ist aber ein echtes Highlight. Schon von außen sieht man, dass der Chor wesentlich höher als das romanische Hauptschiff ist.

Platz zum Verweilen

Der angrenzende **Marienplatz** 8 – kurz vor Erreichen der Promenade – ist einer der attrakivsten Plätze der Altstadt. Mehrere Cafés und Bistros laden am Marienplatz zu einer netten Pause ein. Leider ist der Verkehr hier bislang noch nicht verbannt. Auf dem Rückweg zieht sich die beliebte Einkaufsmeile **Ludgeristraße** 2 als Fußgängerzone wieder bis zum Prinzipalmarkt hinauf.

→ **UM DIE ECKE**

An der Windthorstraße führt ein kleiner Schlenker von der Ludgeristraße nach rechts zur Skulptur **»Kirschensäule«** 9 von Thomas Schütte (1987). Dort bildet zur Linken das 2009 entstandene moderne Einkaufsviertel am **Hanse-Carré** und an der **Stubengasse** 10 das neue Entrée für die südöstliche Altstadt. Hier finden sich nicht nur ein Hotel, Geschäfte und ein Café sondern auch ein Fahrradparkhaus. Am nördlichen Ende der Stubengasse sind darüber hinaus zwei große Kaufhäuser angesiedelt.

Die »100 Arme der Guan-yin« bringen exotisches Flair auf den Marienplatz.

LESESTOFF

Neben den Filmen werden immer mehr Münster-Krimis geschrieben. Jürgen Kehrer führt seine **Wilsberg-Reihe** bis heute fort, hat aber auch historische Münster-Krimis veröffentlicht sowie den neuen Ermittler Bastian Matt ins Rennen geschickt. Sehr spannend sind auch die **Münsterland-Krimis** von Stefan Holtkötter mit Hauptkommissar Bernhard Hambrock. Die Protagonistin von Helga Streffing, Hannah Schmielink, wird als Schulpsychologin aus Münster immer wieder in undurchsichtige Mordfälle verwickelt, zuletzt 2018 in **»Tödliche Rollenspiele«**. Wer Münster kriminalistisch entdecken will, hat also auch zwischen zwei Buchdeckeln spannende Auswahl.

Schlaun, Synagoge, Stadtgeschichte – **die östliche Altstadt**

Johann Conrad Schlaun prägte Mitte des 18. Jh. mit seinen barocken Palästen und Kirchen das Aussehen Münsters. Zwei bauliche Juwelen sind der Erbdrostenhof und die benachbarte Clemenskirche. Nebenan zeugt die Synagoge vom jüdischen Leben in Münster. Das Stadtmuseum veranschaulicht die Geschichte der Stadt – und seit 2018 schwingt ein Foucaultsches Pendel von Gerhard Richter an der Salzstraße.

Barocke Pracht im Fest-saal des Schlaun'schen Erbdrostenhofs

Vor der **Lambertikirche** 1 (▶ S. 24) zweigt die Fußgängerzone **Salzstraße** 🛈 vom Prinzipalmarkt Richtung Osten ab. Die alte Handelsstraße führt zunächst zur ehemaligen **Dominikanerkirche** 2 (1708–25). Seit 2018 ist hier eine großzügige

Schenkung des Künstlers Gerhard Richter der Publikumsmagnet: »Zwei graue Doppelspiegel für ein Pendel« ist eine Skulptur mit einem fast 29 m langen Foucaultschen Pendel, das über einer grauen, skalierten Bodenplatte schwingt (s. Marginalspalte). Die moderne Skulptur steht im Kontrast zum 300 Jahre alten Barockaltar aus Paderborn in der Sakramentskapelle.

Perle der Altstadt

Mit dem prächtigen **Erbdrostenhof** gelang dem Barockbaumeister Johann Conrad Schlaun 1753–57 an der Salzstraße auf engstem Raum ein wahres Meisterwerk. Auftraggeber war der höchste weltliche Beamte des Fürstbistums, Adolph Heidenreich Freiherr Droste zu Vischering. Der Droste wollte sich ein Stadtpalais bauen lassen, das alle bisherigen Bauten Münsters in den Schatten stellte (damals stand das Schloss noch nicht).

Schlaun fand für den beengten Raum eine originelle Lösung: Statt der üblichen Dreiflügelanlage platzierte er seinen Bau einfach quer über das Grundstück und schuf so zusätzlich Platz für einen stattlichen Ehrenhof. Das Palais entstand ›schlauntypisch‹ aus einer Mischung von rotem Ziegelstein und hellem Baumberger Sandstein. Zentraler Blickfang ist der Konsolenbalkon mit den schmiedeeisernen Gittern in der Beletage. Der dahinter befindliche Festsaal wurde von Nikolaus Loder reich mit Fresken verziert, ist aber leider nur für Konzerte und Veranstaltungen zugänglich. Das Vestibül, die ehemalige Kutschendurchfahrt, steht jedoch offen und mehrere Schautafeln geben weitere Infos zu dem Palais.

Münsters Barockbaumeister

In Münster und dem Münsterland trifft man auf viele beeindruckende Werke des begnadeten Architekten, Ingenieurs und Militärs. Über Jahrzehnte stand Schlaun (1695–1773) primär im Dienste der Fürstbischöfe Clemens August und Maximilian Friedrich. Dabei zeichnete er für eine erstaunliche Vielfalt an Projekten verantwortlich. Noch heute beeindruckt die Eleganz seiner Bauten.

Clemens- und Servatiikirche

In unmittelbarer Nachbarschaft des Erbdrostenhofs hatte Schlaun 1745–53 im Auftrag des

Der französische Physiker **Léon Foucault** (1819–68) führte 1851 der Öffentlichkeit im Pariser Panthéon erstmals das nach ihm benannte Pendel vor und bewies durch die Pendelschwingungen die Rotation der Erde, die sich unter dem Pendel weiterdreht. Dabei nutzte er 200 Jahre alte Erkenntnisse des italienischen Physikers Vincenzo Viviani.

Schlaun war ein eifriger Baumeister. In Münster schuf er auch das ehemalige Residenzschloss (▶ S. 47) und legte die Promenade (▶ S. 48) an. Am nordwestlichen Stadtrand erbaute er für sich selbst bei Nienberge das schmucke **Rüschhaus** (▶ S. 74), wo später Annette von Droste-Hülshoff wohnte. In **Nordkirchen** vollendete er das prächtige Schloss, als große Barockresidenz ein ›Westfälisches Versailles‹. In **Nottuln** (▶ S. 83) gehen die Stiftshäuser im Zentrum auf ihn zurück. Und für Fürstbischof Clemens August arbeitete Schlaun auch am Schloss Augustusburg in Brühl.

Nach dem Zweiten Weltkrieg entwickelte sich nur langsam wieder jüdisches Leben in Münster. Doch inzwischen sieht es ganz anders aus. Die Stadt hat seit 1961 eine neue Synagoge, rund 800 Gemeindemitglieder und seit einigen Jahren wieder einen Rabbi: Efraim Yehoud-Desel.

Fürstbischofs die **Clemenskirche** 4 als Teil eines Hospitals erbaut. Nach dem Zweiten Weltkrieg wurde nur die kleine Kirche in ihrer ganzen barocken Pracht wiederaufgebaut. Besonders bemerkenswert sind die blaue Barockkanzel und der seitlich ziemlich versteckte Orgelprospekt.

Wenige Schritte entfernt liegt die stimmungsvolle **St.-Servatiikirche** 5 etwas unter dem heutigen Bodenniveau. Das schlichte romanische Kirchenschiff stammt aus dem 13. Jh., der spätgotische Chor wurde gegen 1500 errichtet.

Jüdisches Leben

Zur Rechten in der Klosterstraße zeugt die 2012 erweiterte **Synagoge** 6 vom Wiedererwachen des jüdischen Lebens in Münster. Im 19. Jh. hatte sich das jüdische Leben auch in Münster frei entfalten können, und so wurde 1880 zwischen Klosterstraße und Promenade eine neue Synagoge eingeweiht.

Im Angesicht des Naziterrors versuchten viele Juden nach 1933 auszuwandern, doch eine Gedenktafel neben der Synagoge erinnert daran, dass von den 430 Juden, die noch 1938 in Münster wohnten, nur 20 den Holocaust überlebten. Die Synagoge wurde zerstört, die jüdische Gemeinde 1941–43 u. a. nach Riga deportiert und dort ermordet.

Stadtgeschichte

Wer mehr über die Entwicklung Münsters erfahren möchte, ist im erstklassigen **Stadtmuseum** 7 an der richtigen Adresse. Die umfangreiche Sammlung wird in einem ehemaligen Kaufhaus an der Salzstraße kurzweilig präsentiert und spannt einen weiten Bogen von den ersten menschlichen Siedlungsspuren bis in die Neuzeit. Ältester Fund ist ein 50 000 Jahre alter Faustkeil.

Auf einen Kaffee ins Café in einer Stadt, die ihre erste Rösterei schon 1850 eröffnet hat.

Schwerpunkte bilden die Stadtgründung an der Wende zum 9. Jh. durch Bischof Liudger, die mittelalterliche Blütezeit sowie das Täuferreich 1534/35. Eine goldene Kette gilt als ›Königskette‹ des Täuferkönigs Jan van Leiden. Stadtmodelle veranschaulichen die Entwicklung Münsters. Nach einem Blick auf den Westfälischen Frieden 1648 und das barocke Münster geht es ein Stockwerk höher ins 19. und 20. Jh. Zu sehen sind

Cityplan: Karte 2, F 3 | **Anfahrt: Bus** Prinzipalmarkt, Altstadt/Bült, Klemensstraße

INFOS/ÖFFNUNGSZEITEN

Ehem. Dominikanerkirche 2: Salzstr. 10, www.stadt-muenster.de/dominikaner kirche, Di–So 11–18 Uhr, Eintritt frei (So kostenlose Führungen); für 2019/20 ist eine Kirchrenovierung geplant.
Stadtmuseum 7: Salzstr. 28, T 0251 492 45 03, www.stadt-muenster.de/ museum, Di–Fr 10–18, Sa/So 11–18 Uhr, Eintritt frei

KULINARISCHES FÜR ZWISCHENDRIN

Aus dem ersten Stock des **Café Grote-meyer** 1 (Salzstr. 24, T 0251 424 77, www.grotemeyer.de, Mo–Fr 9.30–18.30, Sa 9–18.30, So 10–18 Uhr) blickt man auf den Erbdrostenhof (auch selbstge-machte Pralinen). Die **Pension Schmidt** 2 (Alter Steinweg 37, T 0251 97 95 70 50, www.pensionschmidt.de, tgl. 10–24/1 Uhr) ist ein Szenecafé im Stil der 1950er-Jahre mit Wohnzimmerecken.

dort u. a. Werke der Künstler Otto Modersohn und Bernhard Pankok, der Terror des Nazi-Regi-mes wird aufgearbeitet und der Wiederaufbau dokumentiert. Die Originaleinrichtung des Cafés Edwin Müller führt in die 1950er-Jahre, während ein fast schon skurriler Wochenschau-Beitrag über das erste Deutschland-Konzert der Rolling Stones 1965 in Münster berichtet. Sehenswert sind auch die regelmäßigen Sonderausstellun-gen, darunter die Fotoausstellungen »Münster vor 50 Jahren«.

Kultur, Kneipen und Kiepenkerl – **die nördliche Altstadt**

6

Nördlich des Prinzipalmarkts bietet die Altstadt eine Mischung aus Kultur, Restaurants, Cafés und Kneipen. Das Theater Münster bringt erstklassige Stücke auf die Bühne, während das Kiepenkerl-Denkmal auf das traditionsbewusste Münster verweist.

Es ist das einzig erhaltene Gildenhaus Münsters, Prachtgiebel inklusive: das Krameramtshaus.

Ausgangspunkt des Rundgangs ist das nördliche Ende des **Prinzipalmarkts** ◼1 an der **Lambertikirche** ◼2 (▶ S. 24). Im Mittelalter trafen am Schnittpunkt von Prinzipalmarkt, Roggenmarkt, (Altem) Fischmarkt und Steinweg wichtige Handelsstraßen aufeinander. Hier befand sich unmittelbar außerhalb der Domburg die Keimzelle der Bürgerstadt. Auf der jetzigen – **Drubbel** ◼3 genannten – Freifläche stand zudem bis 1712 die bischöfliche Münze sowie ein bis 1906 ein ›Drubbel‹ von zehn Häusern. Ihr Umriss ist auf dem Pflaster markiert.

Modern trifft historisch

An der Nordseite der Lambertikirche zweigt rechts der Alte Steinweg ab. **Haus Schütte** `4` in Nr. 3 fällt durch sein Glockenspiel auf. Die Glocken aus Meißener Porzellan erklingen jeweils um 15 und 18 Uhr – außer bei kaltem Wetter. Wenige Schritte weiter ist der prächtige Renaissancebacksteinbau des **Krameramtshaus** `5` von 1589 das einzig erhaltene Gildenhaus in Münster. Für die Friedensverhandlungen mit Spanien bezog die niederländische Delegation hier ab 1643 ihr Quartier. Am 30. Januar 1648 unterzeichneten im Krameramtshaus die Unterhändler den spanisch-niederländischen Frieden, bevor er dann 100 Tage später im Rathaus beschworen wurde. Seit 1995 hat die Universität hier passenderweise das Haus der Niederlande als Forschungs- und Kulturzentrum untergebracht.

Einen modernen Kontrapunkt setzt die benachbarte **Stadtbücherei** `6`, 1987–93 errichtet vom Architektenbüro Bolles-Wilson. Angeschlossen sind der Zeitungslesesaal sowie ein sympathisches Café.

Martiniviertel

Zurück an der Lambertikirche geht es nach rechts den Alten Fischmarkt hinab. An der Ampelkreuzung befindet sich rechts die zentrale Bushaltestelle Altstadt/Bült, links ist bereits das Stadttheater zu erkennen (s. u.). Geradeaus führt die Hörsterstraße mitten ins **Martiniviertel** mit kleinen Gassen, guten Restaurants und Kneipen. Zur Linken befindet sich z. B. in einem schmucken Stadthaus von 1763 die **roestbar Theater** `1`. Das **Lotharinger Kloster** `7` entstand 1764–72 als ein Spätwerk von Johann Conrad Schlaun und dient heute als repräsentatives Standesamt.

Eine schmale Gasse verbindet die Hörsterstraße mit dem Martinikirchhof. Auf der Rückseite des Stadttheaters geht die schlichte, aber wuchtig wirkende **Martinikirche** `8` auf das Ende des 12. Jh. zurück. Die angrenzende Neubrückenstraße ist für ihre Restaurants und Cafés bekannt.

Münster macht Musik: Am Stadthausturm (Prinzipalmarkt) erklingen die Glocken um 11, 15 und 19 Uhr, am Haus Nonhoff (Rothenberg 13) mit der Weltzeituhr jeweils um 12, 16, 17 und 18 Uhr. Das Glockenspiel an der Astronomischen Uhr im Dom ist das bekannteste. Weitere Glockenspiele befinden sich am Schloss (tgl. 8, 12 und 18 Uhr) und am LWL-Landeshaus (Freiherr-vom-Stein-Platz, tgl. 8, 13, 18, 20 Uhr).

Ohne ›Leeze‹ läuft in Münster gar nichts.

Vorhang auf!

Zur Linken setzte die Stadt 1954–56 für die damalige Zeit ein beachtliches Ausrufezeichen, als für das **Theater Münster** 9 das erste in Westdeutschland nach dem Zweiten Weltkrieg neu errichtete Theatergebäude entstand. Die Fachwelt lobte den Entwurf damals als »befreienden Donnerschlag«. Rund 1000 Sitzplätze bietet das Große Haus. Besondere Wirkung erzielten die Architekten durch die Integration der zerbombten Reste des einstigen Romberger Hofs. In den Jahren 1968–71 wurde dann das Kleine Haus angebaut.

Das Stadttheater ist ein sehr wichtiger kultureller Ankerpunkt für das ganze Münsterland, wenn es um anspruchsvolle Bühnenproduktionen geht.

Kiepenkerlviertel

Schräg gegenüber vom Theater ist die gotische **Apostelkirche** 10 die wichtigste evangelische Stadtkirche Münsters. Aufgrund der hohen Fenster wirkt sie im Inneren vor allem bei Sonnenschein sehr hell und einladend. Beachtenswert sind die Gewölbemalereien aus dem 16. Jh. Im 19. Jh. wurde die ehemalige Minoritenkirche nach der Auflösung des Ordens unter den Preußen zur evangelischen Kirche umgewandelt.

Die Neubrückenstraße endet an der Schnittstelle von Roggenmarkt und Bogenstraße im **Kiepenkerlviertel**. Während es links wieder zum Prinzipalmarkt hinaufgeht, führt die schmale Bogenstraße rechts vorbei an schicken Geschäften zu einem kleinen Platz. Das **Kiepenkerl-Denkmal** 11 dort ist ein Traditionssymbol für das Münsterland. Kiepenkerle waren vor allem im 19. Jh. als wandernde Händler unterwegs und trugen ihre

Kiepenkerl-Denkmal

Deftiges Rindfleisch, Schmalz und Zwiebeln: Die Gasthäuser der Altstadt servieren westfälischen Pfefferpotthast.

Cityplan: Karte 2, E/F 2/3 | **Bus** Altstadt/Bült, Prinzipalmarkt

INFOS/ÖFFNUNGSZEITEN

Krameramtshaus 5: Alter Steinweg 6/7, www.hausderniederlande.de

Stadtbücherei 6: Alter Steinweg 11, T 0251 492 42 42, www.stadt-muenster.de/buecherei, Mo–Fr 10–19, Sa 10–18 Uhr

Theater Münster 9: Neubrückenstr. 63, www.theater-muenster.com, ▶ S. 109

KULINARISCHES FÜR ZWISCHENDRIN

Guten Kaffee bieten das gemütliche Café in der **Stadtbücherei 6** und die **roestbar Theater 1** (Martinistr. 2 /Hörsterstraße, www.roestbar.com, Mo–Fr 9–19, Sa 9–18, So 11–18 Uhr). Hervorragendes selbst gemachtes Eis – sogar Sorten wie Veilchen, Schoko-Ingwer oder Ahoi-Brause – macht **Raphaels Eismanufaktur 2** (Bült 1, T 0251 98 11 05 33, Mo–Do 11–20, Fr–Sa 11–21, So 11–20 Uhr, Winter tgl. 11–19 Uhr). Bio-Eis von GelatoMio aus Coesfeld bietet am Lotharinger Kloster **Arte Bio 3** (Hörsterstr. 38, www.gelatomio.de, März–Okt. So/Mo 12–19, Di–Sa 11–19 Uhr). Auf hohem Niveau traditionell westfälisch ist die Küche im **Großen Kiepenkerl 4** (Spiekerhof 45, T 0251 40 335, www.grosser-kiepenkerl.de, tgl. 11.30–23.30 Uhr, Hauptgerichte 12–30 €, ▶ S. 95).

Waren in einem Korb, der Kiepe, auf dem Rücken. Vom Kiepenkerl führt eine schmale Treppe links hinauf zum Dom (▶ S. 27), während die Straße unter dem Namen Spiekerhof weiter zur Aa und ins Überwasserviertel (▶ S. 45) führt.

Studentisches Leben ›über Wasser‹ – **vom Dom zum Schloss**

An der Westseite des Domplatzes beginnt das zentrale Universitätsviertel: Hörsaalgebäude, Wohnheime und Cafés bestimmen im Schatten der gotischen Überwasserkirche das Bild. Das Kuhviertel mit der Brauerei Pinkus ist eines der beliebtesten Ausgehviertel Münsters. Jenseits des Schlossplatzes zieht das barocke Schloss alle Blicke auf sich. Unbedingt sehenswert ist der Botanische Garten im Schlosspark.

Postkartenidylle: Die Kneipenmeile Kreuzstraße im Kuhviertel

Das Univiertel beginnt am westlichen Rand des **Domplatzes 1**: Das **Fürstenberghaus 2** (Nr. 20–22) beherbergt u. a. das Historische Seminar sowie im Erdgeschoss das Archäologische Museum (▸ S. 32) der Westfälischen Wilhelms-Uni-

versität (WWU). Bei einer so großen **Universität** wie in Münster kamen und gingen natürlich auch berühmte Studenten und Professoren. So hielt im Juni 1963 der spätere Papst Joseph Ratzinger als Ordinarius für Dogmatik und Dogmengeschichte just im Fürstenberghaus seine Antrittsvorlesung.

Univiertel am ›Fluss‹

Als einziger Rest des Jesuiten-Kollegiums aus dem 16. Jh. blieb am Ufer der Aa die **Petrikirche** **3** (1590–97) erhalten, die spätgotische und Renaissanceelemente vereint. Heute dient sie der katholischen Studentengemeinde und dem Gymnasium Paulinum für ihre Gottesdienste.

Hier trifft man auch auf Münsters ›Fluss‹: Die kleine Aa ist im Stadtzentrum weitgehend in ein betoniertes Bett gezwängt und wird bei Wassermangel im Aasee zu einem kleinen Rinnsal. Jenseits der Aa erstrecken sich weitere zentrale Unigebäude: Geradeaus ist das **Juridicum** **4** Heimat der Juristischen und Wirtschaftswissenschaftlichen Fakultäten. Schräg rechts verfügt die **Universitäts- und Landesbibliothek** **5** als westfälische Zentralbibliothek unter ihren 2,7 Mio. Bänden über kostbare Wiegendrucke und Handschriften.

Sehr reizvoll ist das kleine Stück Fußgängerweg nach rechts an der Aa entlang. Hier durchquert man den Bischöflichen Garten. Der Pfad endet am Spiegelturm, wo man die Aa nach links überquert. In diesem Bereich wirkt die üppige Aa-Vegetation fast schon submediterran – und wird im Frühjahr am schnellsten bunt.

Überwasserkirche

Wuchtig und beeindruckend ragt die gotische **Überwasserkirche** **6** empor, die auf fast 1000 Jahre Geschichte zurückschaut. 1040 wurde eine erste Kirche für ein adliges Damenstift im Beisein von König Heinrich III. geweiht. Da dieses Stift vom Dom aus auf der anderen Aa-Seite liegt, erhielt es bald den Namen ›Überwasser‹. Erst hundert Jahre später wurde das Stift in die wachsende Stadt integriert. Die heutige Hallenkirche entstand im 14. Jh. 1773 wurde in der Überwasserkirche der Baumeister Johann Conrad Schlaun beerdigt. Auf dem Kirchplatz findet in der Adventszeit ein kleiner, aber sehr stimmungsvoller Weihnachtsmarkt statt.

Zwischen Fürstenberghaus und Geomuseum steht ein Denkmal des Freiherrn Franz von Fürstenberg. Der fürstbischöfliche Minister gründete 1773 den Vorläufer der heutigen Uni. So etwas kostet. Die Auflösung des Jesuitenordens verschaffte schließlich die nötigen Geldmittel.

An der Überwasserkirche fällt gleich zu Beginn der Frauenstraße (Nr. 49–50) das **Antiquariat Solder** **9** auf. Millionen Fernsehzuschauern ist es als »Antiquariat Wilsberg« aus den beliebten Wilsberg-Krimis des ZDF bekannt (▶ S. 76).

Rosen und Kühe

Vom Westeingang der Überwasserkirche geht es rechts an der modernen **Diözesanbibliothek** 7 vorbei zum lauschigen **Rosenplatz** 8 am Zugang zum Kuhviertel. Am Platz befindet sich Münsters letzte Altbierbrauerei, Pinkus Müller von 1816. Schon auf dem Platz stehen Kneipentische, u. a. der **Pinkus Müller Biergalerie** 1. In der angrenzenden Kreuzstraße geht es in den bunt restau-

INFOS/ÖFFNUNGSZEITEN

Botanischer Garten 13: Schlossgarten, T 0251 83 23 827, www.garten.uni-muenster.de, Ostern–Mitte Okt. tgl. 9–19, sonst tgl. 9–16 Uhr, Eintritt frei

KULINARISCHES FÜR ZWISCHENDRIN

Bei schönem Wetter genießen viele Münsteraner ihr Eis oder ihren Kaffee auf der Terrasse des Eiscafés **Lazzaretti** 1 (Spiekerhof 26, T 0251 484 23 33, tgl. 10–23 Uhr) im Schatten der Überwasserkirche.
Leichte asiatische Küche mit schönem Blick auf die Überwasserkirche bringt das **Royals & Rice** 2 (Frauenstr. 51–52, T 0251 39 63 36 99, www.

royalsandrice.com, tgl. 12–24 Uhr, Hauptgerichte mittags 6–7 €, abends 8,50–15 €) auf den Tisch.
Im Schlosspark ist das **Café Schlossgarten** 3 (Schlossgarten 4, T 0251 987 96 96, www.schlossgarten.com, im Sommer Di–Mi 10.30–18, Do–Sa 10.30–22, So 9.30–18 Uhr, im Winter Sa 11.30–18, So 9.30–18 Uhr) mit seiner schönen Terrasse ein ebenso beliebter wie stimmungsvoller Ort für Kaffee und Kuchen. Sonntags gibt es auch ein Buffet.
Außerdem: **Pinkus Müller Altbierküche** 4 (▶ S. 97), **Drübbelken** 5 (▶ S. 96), **Pinkus Müller Biergalerie** 1 (▶ S. 106), **Cavete** 2 und **Das Blaue Haus** 3 (▶ S. 105)

Cityplan: Karte 2, D/E 2/3 | **Anfahrt: Bus** Domplatz

rierten kleinen Ackerbürger- und Handwerker-
häusern sehr gesellig zu. Hier sorgen die **Pinkus
Müller Altbierküche** ❹ sowie urige Studiknneipen
wie die **Cavete** ❷ und **Das Blaue Haus** ❸ für
Stimmung. Weitere sehenswerte Häuser im Kuhviertel befinden sich in der Buddenstr. 27 und
14–15 (**Gaststätte Drübbelken** ❺) sowie in der
Hollenbeckerstr. 25 und 30. Beide Straßen zwei-
gen vom Rosenplatz ab. In der Jüdefelderstraße
finden sich Kneipen und nette Fachgeschäfte.

Das Schloss

Schlaunsche Eleganz

Zurück an der Überwasserkirche geht es durch
die Frauenstraße zum riesigen **Schlossplatz** 🔟, der
von Fürstbischof Christoph Bernhard von Galen
im 17. Jh. als Vorfeld für seine neue Zitadelle angelegt wurde. Heute dient die Freifläche als Park-
platz und Veranstaltungsort für Send oder Zirkus.

Westlich der Promenade zieht das ehemals **fürstbischöfliche Schloss** 🔟 alle Blicke auf sich. Der Bau
wurde 1767 von Johann Conrad Schlaun im Auftrag von Fürstbischof Maximilian Friedrich in Angriff
genommen, nachdem dessen Vorgänger Clemens
August sehr zum Missfallen des Münsterländer
Adels zeitlebens in Brühl residiert hatte. Auch sollte
durch den Bau des Schlosses endlich die verhasste
Galensche Zitadelle verschwinden. Die Mischung
aus rotem Backstein und hellem Baumberger Sandstein am Schloss trägt unverwechselbar Schlauns
Handschrift. Nach dessen Tod vollendete Wilhelm
Ferdinand Lipper 1787 das Bauwerk. Überragt wird
das Schloss von einer Laterne mit Glockenspiel, die
eine goldene Fortuna bekrönt.

Im 19. Jh. zog die preußische Provinzialverwal-
tung ein, 1945 wurde das Schloss weitgehend
zerstört und nach dem Wiederaufbau zum Zen-
tralgebäude der Universität.

Fürstlicher Park

Auf der Rückseite des Schlosses erstreckt sich
der wunderbare **Park des Schlossgartens** 12 mit
seinem alten Baumbestand. Schon 1803 wurde
hier der **Botanische Garten** 13 gegründet, der
sich mit seinen zehn Gewächshäusern und rund
8000 Pflanzenarten zu einem innerstädtischen
Idyll entwickelt hat. Der 4,6 ha große Botanische
Garten wird von der Uni verwaltet und dient auch
als Lehrgarten. Ein Ort der Ruhe selbst!

*Dreimal im Jahr steigt
auf dem Schlossplatz
der Send, der größte
Kirmesrummel im
Münsterland (siehe
www.send.muenster.
de). Im Sommer gibt
es vor dem Schloss ein
Open-Air-Kino, Zirkus
und das ›Turnier der
Sieger‹ für Pferdefans.
Und viele kommen im
Sommer jeden 1. und 3.
Freitag um 20 Uhr zur
Skatenight: www.skate
night-muenster.de.*

Grünes Juwel der Stadt – die Promenade

#8

Wie ein grünes Band zieht sich die 4,5 km lange Promenade rund um die Münsteraner Innenstadt. Einst befanden sich hier die mächtigen Wallanlagen, heute genießen Radfahrer und Spaziergänger die prächtige Lindenallee. Ein Rundgang beginnt am herrschaftlichen Schloss und führt u. a. zum Aasee, zum Museum für Lackkunst, zum Zwinger und zum Kreuzviertel. Im Sommer verwandelt sich die Promenade mehrfach in einen Flohmarkt.

Münsters Promenade ist heute ein Radler-Paradies.

Bis ins 18. Jh. war Münster eine stark befestigte Stadt, doch nach dem Siebenjährigen Krieg (1756–63) wurden die militärtechnisch überholten Befestigungsanlagen geschliffen, und niemand Geringeres als der Barockbaumeister Johann Conrad Schlaun ließ auf den äußeren

Wallanlagen einen grünen Promenadengürtel rund um Münster anlegen. Schlaun schenkte der Stadt damit eine ihrer schönsten Grünanlagen, die mit rund 2000 Lindenbäumen eine vollständig geschlossene Allee bildet.

Alter Zoo und Aasee

Ausgangspunkt des Rundgangs ist das **Schloss** **1**. Auf dem **Schlossplatz** **2** fielen die großen Promenadenbäume leider dem Orkan Kyrill 2007 zum Opfer. Doch 200 Bürgerinnen und Bürger spendeten neue Linden, sodass die Allee langsam wieder wächst.

Der Weg führt zunächst nach Süden über die Gerichtsstraße hinweg zum Ausfluss der Aa. Rechts befand sich auf dem Gelände der heutigen LBS bis 1973 der alte Zoo von Münster. Ein kleiner Abstecher führt rechts zu der versteckt liegenden romantischen **Tuckesburg** **3**, die 1892 der Münsteraner Zoogründer Professor Landois für sich selbst errichtete. Jenseits der Himmelreichallee liegt der 1887 eröffnete, parkähnliche **Zentralfriedhof** **4**.

Nun geht es über einen sehr schönen, höhergelegenen Teil der Promenade unter dichten Bäumen weiter. Die Linden können bis zu 100 Jahre alt werden. Alternativ gelangt man am Ufer der Aa auf einem kleinen Schlenker auch direkt zum **Aasee** **5** (▶ S. 53).

Alles im Lack

Die südliche Promenade setzt sich vom Stadtgraben über die Aegidiistraße hinweg fort. 2014 fielen hier einige der Baumriesen leider zwei Unwettern zum Opfer. An der Ludgeristraße ist zur Linken der **Marienplatz** **6** zu sehen, während zur Rechten hinter dem Kreisverkehr des Ludgeriplatzes das Südviertel beginnt.

An der Windthorststraße, die den Hauptbahnhof mit der Innenstadt verbindet, lohnt rechts ein Blick in das **Museum für Lackkunst** **7** in der stattlichen Villa Bönninghausen. Die rund 2000 Stücke umfassende Sammlung der BASF Coatings AG zeigt auf zwei Stockwerken vor allem Stücke aus Ostasien und Europa. Sehenswert sind im Erdgeschoss z. B. der filigrane Altarschrein aus Japan und im Obergeschoss die kunstvollen Kommoden und Kabinettschränke.

Der attraktive Flohmarkt steigt an der Promenade an jedem 3. Samstag von Mai bis September. Er erstreckt sich vom Schlossplatz bis zur Himmelreichallee und zum Stadtgraben. Im nördlichen Bereich sind eher kommerzielle Händler zu finden, im südlichen dagegen Hobby-Händler und der Kinderflohmarkt.

Feilschen gehört zum guten Ton auf dem Promenaden-Flohmarkt.

M
MOND

2014 verwandelte Objektkünstler Tobias Rehberger elf graue Schaltkästen zwischen Promenade und Hauptbahnhof unter dem Titel »The Moon in Alabama« in eine bunte Skulpturenlandschaft. Alle Objekte verweisen auf einen Ort rund um den Globus und enthalten einen ›Mond‹. Die Kugeln leuchten immer dann, wenn der Mond vor Ort scheint: www.muenster-art-public.de.

Synagoge und Paul Wulf

Der folgende Abschnitt der Promenade ist im Sommer so dicht begrünt, dass man sich in einem Tunnel wähnt. Zur Linken passiert man die **Synagoge** 8, dann ist die Salzstraße mit dem **Stadtmuseum** 9 (▶ S. 38) erreicht. An der Kreuzung Salzstraße fällt rechts die Skulptur von Paul Wulf (1921–99) mit Brille auf. Dabei handelt es sich um einen Mann, der von den Nazis zwangssterilisiert worden war und zeitlebens für die Anerkennung seiner Leidensgenossen kämpfte. 2007 hatte die Künstlerin Silke Wagner die **Paul-Wulf-Skulptur** 10 als Teil ihres Projekts »Geschichte von unten« geschaffen.

Bollwerk der Stadt

Durch eine Straßenunterführung führt der Weg weiter nach Norden zur Hörsterstraße am ehemaligen Hörstertor. Zur Linken ist das ehemalige **Lotharinger Kloster** 11 und heutige Standesamt zu sehen. Am Abfluss der Aa aus dem Stadtgebiet ist der ehemalige **Zwinger** 12 Denkmal und Mahnmal zugleich.

Vor gut 500 Jahren entstand der runde Wehrturm als »dat grote Bollwerk«. Nach den Täuferkriegen im 16. Jh. nutzte der Bischof den Zwinger zur besseren Kontrolle der Stadt. 200 Jahre später baute Johann Conrad Schlaun das Gebäude zum Untersuchungsgefängnis um. 1919 verwandelte der Maler Friedrich Wilhelm Liel den Zwinger in ein Wohnhaus. Das dunkelste Kapitel kam 1944, als die Gestapo den Zwinger als Hinrichtungsstätte vor allem für Zwangsarbeiter aus der Sowjetunion und Polen nutzte.

Das Lackmuseum zeigt auch zeitgenössische Kreationen, wie hier vom japanischen Künstler Tatsuaki Kuroda (1904–82).

Eine Mahntafel an der Promenade sowie Gedenkveranstaltungen erinnern daran. 1987 installierte die Künstlerin Rebecca Horn im Rahmen der Skulptur Projekte mit 42 kleinen, am Mauerwerk klopfenden Hämmern und 32 flackernden Lichtern ihr »Gegenläufiges Konzert«.

INFOS

Flohmarkt: Termine und aktuelle Infos siehe www.flohmarkt-muenster.de

---

ÖFFNUNGSZEITEN

Museum für Lackkunst 7: Windthorststr. 26, T 0251 418 51 22, www.museum-fuer-lackkunst.de, Di 12–20, Mi–So 12–18 Uhr, 3/2 € (Di frei)

Zwinger 12: Promenade, T 0251 492 45 03 (Museum), www.stadt-muenster.de/museum, Juni–Sept. So 14–18 Uhr, 1,50/1 €, Führungen April–Okt. jeden ersten So im Monat um 11 Uhr ab Stadtmuseum/jeden dritten Do im Monat um 20 Uhr ab Zwinger (je 3/2 €)

KULINARISCHES FÜR ZWISCHENDRIN

Eine schöne Café-Terrasse und leckere, sehr große Pizzen bietet das italienische Restaurant **L'Osteria** 1 (Windthorststr. 31, T 0251 98 29 18 41, https://losteria.de/restaurant/muenster, Mo–Do 11.30–23, Fr/Sa 11.30–24, So 12–23 Uhr, Hauptgerichte 7,50–12 €). Wöchentlich wechselnde Suppen – auch vegetarisch und vegan im Angebot – serviert die **Suppenfabrik** 2 (Alter Steinweg 34, T 0251 28 74 65 57, www.suppenfabrik.de, Mo–Fr 11.30–19, Sa 11.30–16 Uhr). Gute italienische Küche jenseits der üblichen Pizzen bietet das **Pasta e Basta al Centro** 3 (Neubrückenstr. 35–37, T 0251 442 94, www.pasta-e-basta.ms, Mo–Sa 12–14.30, 18–23.30, So 18–23.30 Uhr, Hauptgerichte 7,50–18,50 €; Filiale am Hafen, ► S. 64).

Von der Promenade leicht zu erreichen sind auch das **Café Extrablatt Königsstraße** 4 (► S. 34) sowie die **roestbar Kreuzviertel** 5 (► S. 61).

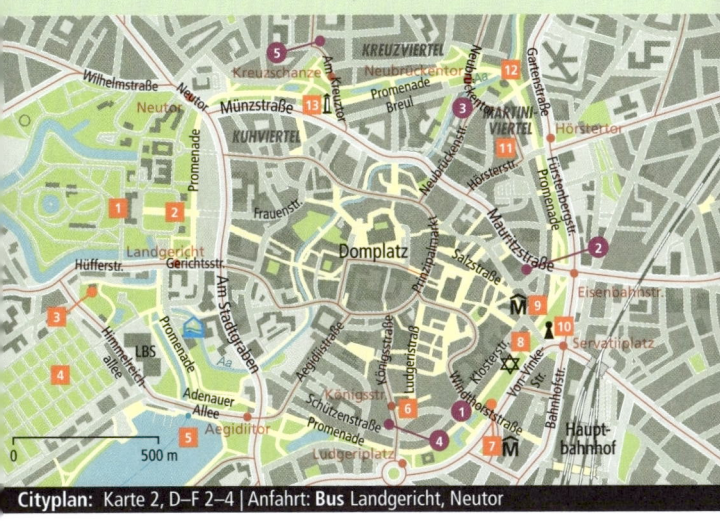

*Einst Teil der mittelalter-
lichen Stadtmauer: der
Buddenturm*

Buddenturm und nördliche Promenade

Die eindrucksvollen mächtigen Linden prägen die nördliche Promenade, welche die Altstadt vom schmucken Kreuzviertel trennt. An der Kreuzung mit der Nordstraße ist der auffällige **Buddenturm** **13** aus dem 12. Jh. das letzte Relikt der ersten mittelalterlichen Stadtmauer. Der schlanke Turm blieb als einziger erhalten und steht heute freistehend auf einer Wiese. Zur Linken erstrecken sich dahinter die Gassen des Kuhviertels mit seinen zahlreichen und beliebten Restaurants und Studentenkneipen. Ein letztes Stück herrlicher Promenadenallee führt dann schließlich zurück zum zentralen Schlossplatz.

→ UM DIE ECKE

Wer mehr über die Nazizeit in Münster erfahren will, erreicht über die Warendorfer Straße die historische **Villa ten Hompel** (Kaiser-Wilhelm-Ring 28, 🗺 H 2, T 0251 492 71 01, www.stadt-muenster.de/villa-ten-hompel, Bus 33/34 Villa ten Hompel, Bus 2, 10 Hohenzollernring/Finanzgericht, Mi–Do 18–21, Fr–So 14–17 Uhr, Eintritt frei). Von 1940 bis 1944 war sie Sitz der NS-Ordnungspolizei. Von hier wurden die paramilitärischen Polizeibataillone aus dem heutigen NRW befehligt, die auch in den im Zweiten Weltkrieg besetzten Gebieten Europas eingesetzt wurden und dort an den Verbrechen der Nazis beteiligt waren. Auch Deportationszüge in die Vernichtungslager hat die Ordnungspolizei begleitet. 1999 wurde die Villa von der Stadt zum Geschichtsort mit einer informativen Ausstellung umgewandelt (regelmäßig Veranstaltungen).

Moderne Kunst am Wasser –
Skulpturenpfad am Aasee

9

Münster hat sich zu einem internationalen Zentrum für moderne Skulpturen entwickelt. An vielen Orten haben Bildhauer ihre Spuren hinterlassen. Am Aasee führt ein Skulpturenpfad von der Promenade hinaus zum Allwetterzoo. Auf der südlichen Seeseite ehrt die Stadt den bekannten Landschaftsmaler Otto Modersohn.

Am südwestlichen Rand der Altstadt entstand ab 1925 der Aasee, u. a. um die Altstadt vor Überschwemmungen zu schützen. 1972–76 wurde mit einer Erweiterung der neue Allwetterzoo an den Freizeitsee angebunden. 2008 wurde der

Der Aasee: gute Laune im Gegenlicht

INFOS/ÖFFNUNGSZEITEN

Wasserbus Solaaris: Aaseeterrassen, ▶ S. 57
Bootsverleih: Aasee-terrassen, www.over schmidt.de/bootsverleih, Ostern–Okt. tgl. 10–19 Uhr, Tret-, Ruder-, Paddelboote, 30/60 Min. 7–12/12–17 €
Wewerka-Pavillon 6: www.wewerka-pavillon. de

KULINARISCHES FÜR ZWISCHENDRIN
Das **A2 am See** ❶ (Annette-Allee 3, T 0251 284 68 40, www.a2am see.de, Mo–Fr ab 11, Sa/So ab 9.30 Uhr bis mind. 23 Uhr, Hauptgerichte 9,50–27 €) mit großartiger Seeterrasse ist an Sonnentagen äußerst beliebt. Sa/So Frühstücksbuffet (12,90 €/Pers.). Herzhafte Pizza (auch Dinkel-Vollkorn und glutenfrei) und Pasta mit Terrasse und Seeblick im **Moro 112** ❷ (Mecklenbecker Str. 112, T 0251 79 67 65, https://moro112. de, Mo–Fr 11–23, Sa/So 10–24 Uhr, Pizza/Pasta 7–16 €) am südwestlichen Ende des Aasees. Neben der Mensa lockt das Café **Hier und Jetzt** ❸ (Bismarckallee 11, T 0251 837 95 36, www. hier-und-jetzt.ms, Mo–Fr 11–18, Sa/So 9.30–18 Uhr) im Sommer mit seiner Dachterrasse; Sa/So Frühstücksbuffet (13,90, Studis 11,90 €).

Aasee-Park zum »Schönsten Park Deutschlands« gekürt. Vor allem an schönen Sommertagen und an Wochenenden strömen die Münsteraner an den 40 ha großen Aasee. Die komplette Umrundung ist ohne Abstecher ca. 5,3 km lang.

Wirbel um die Kugeln

Als 1977 die erste Internationale Skulpturenausstellung nach Münster kam, waren viele Münsteraner zunächst sehr skeptisch. Der Künstler Claes Oldenburg stellte am östlichen Ende des Aasees seine drei **»Giant Pool Balls«** 1 auf und erntete damit zunächst durchaus auch Unverständnis. Doch mittlerweile sind die ›Aaseekugeln‹ eine Art Wahrzeichen, auch wenn die Stadt sie regelmäßig von Graffiti befreien muss. Im Sommer genießen auf der Wiese Scharen von jungen Leuten den Sonnenschein.

Am Nordufer kommt man zur sog. **Goldenen Brücke** 2 am Ausfluss der Aa. Unmittelbar hinter der Brücke war auf der Freifläche des **ehemaligen Zoos** 3 schon 1974 die Wirbel-Skulptur (»Large Vertebrae«) von Henry Moore errichtet worden. Der britische Bildhauer war der Wegbereiter für anspruchsvolle Skulpturen in Münster. Wenige Meter weiter steht die fast nadelförmige Wasser-Plastik von Heinz Mack (1976/77). Zurück am Aasee bieten die **Aaseeterrassen** ❶ Segelsport, Bootsverleih und das beliebte **A2 am See** ❶ Aussicht auf den See.

Pier, Antenne und Pavillon

Auf dem weiteren Weg entlang des Ufers gelangt man zu einem hölzernen **Pier** 4, den 1997 Jorge Pardo als Skulptur entworfen hat. Rechts des Weges schuf Ilya Kabakov im selben Jahr seine Antennen-Installation **»Blickst du hinauf und liest die Worte...«** 5. Dazu sollte man sich unter der Antenne ins Gras legen und »in den offenen Himmel schauen«, um den an Goethe angelehnten Text lesen zu können. Noch weiter rechts auf der Wiese ist der gläserne **Wewerka-Pavillon** 6 ein Ausstellungsort für moderne Installationen.

Allwetterzoo und Aa-Zufluss

Jenseits der Torminbrücke hat Donald Judd 1977 zur Rechten zwei mysteriöse konzentrische Ringe **»Ohne Titel«** 7 auf der Wiese platziert. Zur Rechten erscheint bald das Freilichtmuseum **Mühlenhof** 8 und dann verbindet ein Kanal den Aasee mit dem **Allwetterzoo** 9. Direkt hinter der Brücke appelliert die rostbraune Skulptur **»Zusammenleben«** 10 auf Initiative des iranischen Künstlers Mahmoud Torabi an das friedliche Miteinander in einer multikulturellen Gesellschaft. Dahinter schließt sich ein kleiner Hügel mit Aussichtspunkt und Picknickstelle an.

Vom renaturierten Zufluss der Aa führt eine Verlängerung des Spaziergangs zum **Haus Kump** 11, das zum Tagungs- und Handwerkerbildungszentrum ausgebaut wurde.

Auf dem Aasee hat 2006 die schwarze Schwanendame Petra für Schlagzeilen gesorgt. Schrecklich verliebt verfolgte sie einen weißen Tretboot-Schwan.

Otto Modersohn (1865–1943) durchstreifte oft das Aatal. Als Jugendlicher zeichnete er es rund 45 Mal. Am südlichen Aasee-Ufer zeigen Schautafeln am ›Modersohnweg‹ sein Frühwerk. Irgendwie auch eine Lovestory, oder?

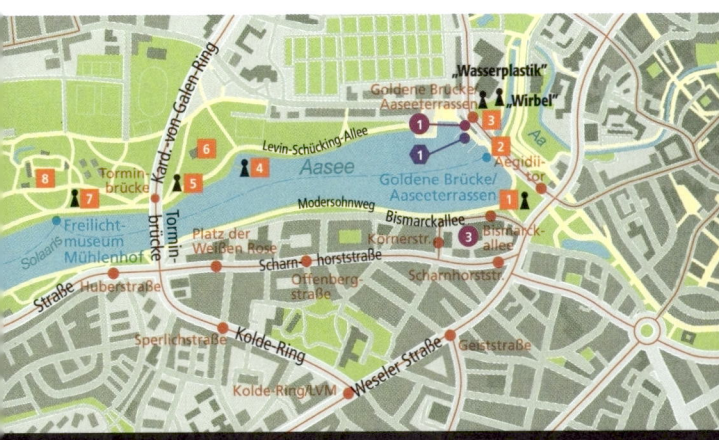

Familienattraktionen im Grünen – **rund um den Allwetterzoo**

Am westlichen Ende des Aasees ermöglichen gleich mehrere Attraktionen einen kurzweiligen Familienausflug. Der Allwetterzoo mit dem Westfälischen Pferdemuseum ist ein Muss. Gleich nebenan entführt im LWL-Naturkundemuseum das Planetarium in die Welt der Sterne, während das Freilichtmuseum Mühlenhof rund um eine Windmühle die bäuerliche Welt früherer Tage bewahrt.

In dem dicht zusammenliegenden Bereich zwischen Allwetterzoo und Mühlenhof lässt sich gut und gerne ein halber oder sogar ganzer Tag verbringen, wenn man alle familienfreundlichen Attraktionen besucht.

Ob dieser Allosaurus schon gefrühstückt hat?

Ein Zoo für jedes Wetter

Münsters wichtigste Familienattraktion ist der 1974 eröffnete **Allwetterzoo**  am westlichen Ende des Aasees mit seinem überdachten Rundgang. 2002 konnte die Attraktivität durch die Einrichtung des Westfälischen Pferdemuseums auf dem Zoogelände noch gesteigert werden. Hier steht die Welt der Pferdezucht und des im Münsterland äußerst beliebten Pferdesports im Mittelpunkt. Im Sommer gibt es Pferdeshows.

Neue Projekte kamen in den vergangenen Jahren hinzu: der vergrößerte Elefantenpark sowie der im Jahr 2014 eröffnete ›Robbenhaven‹ für Kalifornische Seelöwen. Ansonsten bietet der Zoo von Giraffen, Zebras und Löwen über Nashörner, Bären und Tiger bis zu Eisbären und Pinguinen einen breiten Querschnitt durch die Tierwelt. Bei Kindern sehr beliebt sind die regelmäßigen Fütterungen; auch attraktive Sonderveranstaltungen.

Ähneln Pferden, sind aber Fische: die ein Gramm schweren Hippocampus-Seepferdchen im Allwetterzoo.

Wale, Dinos und der Weg ins All

Neben dem Allwetterzoo lädt das **LWL-Naturkundemuseum** mit spannenden Ausstellungen zu Dinosauriern, zur Tierwelt Westfalens und zum Leben der Prärie- und Plainsindianer zu einem Rundgang ein. Draußen sind zudem einige Dinosaurier-Plastiken aufgestellt. Highlights sind gleich am Eingang der größte Riesenammonit der Welt, eine Mammut-Rekonstruktion sowie das riesige Skelett eines Pottwals, der 2011 bei Pellworm gestrandet war. Auch spannende Sonderausstellungen gehören zum Angebot. Das ins Museum integrierte hochkarätige **LWL-Planetarium** entführt mit spektakulären High-Tech-Shows professionell und immer aktuell in die Weiten des Weltraums.

Seit 2012 pendelt der solargetriebene **Wasserbus Solaaris** umweltfreundlich zwischen den Aaseeterrassen/Goldene Brücke, dem Mühlenhof und dem Allwetterzoo/ Naturkundemuseum. Die gemütliche Rundfahrt dauert eine Stunde. Tickets gibt es an Bord. Oder warum nicht schon bei mobilé am Hauptbahnhof (▶ S. 111)? Dann können Sie sogar kostenlos mit dem Bus an- und abreisen. Infos: T 0251 849 30 00, www.overschmidt.de/aasee schiffahrt, Ostern–Okt. tgl. 10–17 Uhr, Abfahrt stdl., Rundfahrt 9,50/7 €).

Bäuerliche Welt von einst

Ein Besuch des liebevoll zusammengestellten Gebäudeensembles im **Freilichtmuseum Mühlenhof** vermittelt ein wenig von den inzwischen ausgestorbenen traditionellen Lebensformen im Münsterland. Handwerkerstuben eines Drechslers, Schmieds oder Schreiners sowie eine Dorfschule, eine aktive Backstube und ein Mühlenhaus von 1619 sind auch für Kinder sehr anschaulich. Imker und Blaudrucker verkaufen ihre Produkte; dazu kommen interessante Themenmärkte – ein Kleinod.

Cityplan: A/B 5/6 | **Anfahrt: Bus** 14 Mühlenhof, Zoo/Naturkundemuseum

INFOS

Der Wasserbus Solaaris (▶ S. 57) hält direkt am Allwetterzoo und ca. 200 m vom Mühlenhof.

ÖFFNUNGSZEITEN

Allwetterzoo/Westfälisches Pferde-museum 1: Sentruper Str. 315, T 0251 890 40, www.allwetterzoo.de, www.pferdemuseum.de, April–Sept. tgl. 9–19, März/Okt. tgl. 9–18, Nov.–Febr. tgl. 9–17 Uhr, 10,90–18,90 €, Nov.–Febr. 8,90–14,90 € (ab 1 Std. vor Kassen-schluss erm. Eintritt, alle Tickets inkl. Pferdemuseum und Robbenhaven)

LWL-Naturkundemuseum/Plane-tarium 2: Sentruper Str. 285, T 0251 591 05, www.lwl-naturkundemuseum-muenster.de, Di–So 9–18 Uhr. Eintritt LWR 6,50/4 €; Planetarium 5,50/3 €, Kombi-Ticket 10,50/6,10 €

Mühlenhof 3: Theo-Breider-Weg 1, T 0251 98 12 00, www.muehlen hof-muenster.org, März–Okt. Di–So 10–18, Nov.–Febr. tgl. 10–17 Uhr (auch Adventsmärkte), 5/3,50/3 €

KULINARISCHES FÜR ZWISCHENDRIN

Alle Attraktionen verfügen über eigene Cafés.

Überragt wird das ›Bauerndorf‹ von einer Bockwindmühle aus dem 19. Jh., die aus dem Emsland an den Aasee verpflanzt wurde. An Wo-chenenden ist viel los: Mit dem Imkerverein wer-den Kerzen hergestellt, es gibt Handarbeitstage (Spinnen, Weben und Klöppeln), Kutschfahrten oder Märchentage für die Kleinen. Der stilechte Dorfkrug lädt zudem zu Kaffee und Kuchen ein.

Charme der Gründerzeit – das Kreuzviertel

 # 11

Nördlich der Promenade erstreckt sich das schicke Kreuzviertel. Prächtige Jugendstil- und Gründerzeithäuser bestimmen das Bild. Mittelpunkt des Quartiers ist die Kreuzkirche, rundum finden sich einladende Cafés und Restaurants. Das Viertel zählt heute zu den begehrtesten Wohngegenden der Stadt.

Startpunkt des Rundgangs ist der **Buddenturm** 1 an der Promenade auf der Höhe des mittelalterlichen Kreuztors. Während der freistehende Turm (12. Jh.) nur wenig von der Wehrhaftigkeit der alten Stadtbefestigung verrät, zeichnet der kleine Park nördlich der Promenade die Umrisse der einstigen **Kreuzschanze** 2 ab, die der Stadtmau-

Gründerzeit pur im kultigen Kreuzviertel

P
PROF

In der Gertrudenstraße, stehen zwischen Raesfeld- und Studtstraße einige der sogenannten Professoren-Häuser, die zu Beginn des 20. Jh. schlüsselfertig auf ihre Bewohner warteten. Dadurch sollte die 1902 neu gegründete Uni für Lehrkräfte attraktiver werden.

er vorgelagert war. Gleich das erste Haus an der Straße Am Kreuztor, die vom Buddenturm an der Kreuzschanze vorbei ins Viertel führt, ist die **Villa Terfloth** 3 . Bauherr der romantischen Villa mit Pseudo-Turm war 1904 der Lebensmittel-Groß-händler Robert Terfloth, seinerzeit Vorsitzender der Münsteraner Kaufmannschaft. Nun geht es rechts in die Von-Langen-Straße und dann links in die Kampstraße.

Rund um die Kreuzkirche

Zentraler Blickfang am Straßenende ist die neogotische **Kreuzkirche** 4 , die 1899–1902 der Regierungsbaumeister Hilger Hertel d. J. als zentrales Element des neuen Stadtteils errichten ließ.

Rund um die Kirche steigt im Sommer das populäre Kreuzviertelfest und mehrere Restaurants und Eiscafés verleihen dem Platz etwas südländischen Charme. Bei schönem Wetter trifft sich hier die Nachbarschaft auf ein Schwätzchen bei Pizza, Eis oder Kaffee.

Der schönste Straßenzug

An der Nordseite der Kreuzkirche führt die Dettenstraße nach wenigen Metern zur Raesfeldstraße. Schon die Straßenkreuzung ist durch die bunten Bürgerhäuser mit Prunkfassaden und Giebeln ein Augenschmaus. Vielleicht ist dies sogar die schönste Kreuzung in Münster. Nach rechts durchschneidet die Coerdestraße

Mario Joka überprüft in seiner roestbar die Qualität der Kaffeebohnen.

→ **UM DIE ECKE**

Das Kreuzviertel ist auch ein wichtiges Kulturviertel: Am beschaulichen Kanonierplatz ist das **Schlosstheater** ✸ das wohl schönste Programmkino Münsters, das zusammen mit dem Cinema regelmäßig für sein anspruchsvolles Programm ausgezeichnet wird. Hier stehen vor allem europäische Filmproduktionen im Vordergrund. Das Café im Schlosstheater ist sehr einladend.

Nordöstlich bringt jenseits der Aa das Theater im **Pumpenhaus** ✸, das im Jahr 1985 mit einem Stück über die Wiedertäufer startete, zeitgenössische Stücke auf die Bühne. Die zum Teil experimentellen Produktionen und die zahlreichen Gastauftritte beleben die Kulturszene der Stadt.

das Stadtviertel, auch die Kettelerstraße auf der anderen Kreuzungsseite verfügt über ansehnliche Häuser.

Der weitere Rundgang führt durch die Raesfeldstraße nach links, wo die Häuser **Raesfeldstraße 13/Nordstraße 34** **5** sowie **Raesfeldstraße 18–22** **6** sogar teils mit Fachwerk und Loggien gestaltet wurden. Sehr markant wirken die prächtigen Eckhäuser an der Kreuzung zur Nordstraße, die wie viele Häuser hier zwischen 1904 und 1906 entstanden. Westlich der Nordstraße sind auch die Häuser Raesfeldstraße Nr. 26–32 sehr schick, während auf der südlichen Straßenseite moderne Gebäude stehen.

KULINARISCHES FÜR ZWISCHENDRIN
Sehr guten Kaffee bietet das Eckcafé **roestbar Kreuzviertel** **1** (Nordstr. 2, www.roestbar.com, Mo–Fr 9–19, Sa 9–18, So 11–18 Uhr), wo man den Kaffee auch gleich für Zuhause kaufen kann. Ein weiterer netter, fair handelnder Kaffeeröster ist **Herr Hase** **2** (Gertrudenstr. 19/Studtstraße, T 0251 32 70 73 12, www.herr-hase.com, Di–Fr 8.30–19, Sa/So 9–19 Uhr: Kuchen, Schnittchen und Frühstück, auch hauseigener Gin von Sven Hasenclever.

An der Kreuzkirche kann man sehr gut italienisch Essen: **La Taverna** **3** (Hoyastr. 5, T 0251 23 92 89 83, Mi–Mo 12–14.30, 18–23.30 Uhr, Hauptgerichte 5–22,50 €) ist eine nette Pizzeria mit Terrasse, einem freundlichem Service und Mittagstisch. Auch die schnörkellose **Pizzeria Italia da Aldo** **4** (Gertrudenstr. 22/Studtstraße, T 0251 252 81, www.pizzeriaitalia-daaldo.de, Di–So 12–14.30, 17.30–23 Uhr, Hauptgerichte 5–22 €) ist eine bewährte Traditionsadresse.

Cityplan: E 1/2 | **Anfahrt: Bus** 15, 16 Kreuzschanze

Freizeit und Kultur – **Strukturwandel am Hafen**

Das Hafenviertel hat sich in den vergangenen zwei Jahrzehnten rasant entwickelt. Neben dem Wolfgang-Borchert-Theater und dem Cineplex hat sich eine bunte Mischung aus Gastronomie, Büros und Galerien angesiedelt. Weil das Viertel derart angesagt ist, wird seit Jahren in der Stadt engagiert und kontrovers über die weitere Entwicklung diskutiert.

Zu mir? Oder zu dir? Oder zum Thai? Nö, zum Kreativ-Kai.

1899 kam die maritime Welt nach Münster, als mit dem Dortmund-Ems-Kanal ein 740 m langer Stadthafen entstand. Dieser entwickelte sich schnell zu einem wichtigen Motor der Industrialisierung und des städtischen Wachstums. Ab den 1970er-Jahren ging es jedoch dramatisch abwärts. In die sich leerenden Hafengebäude zogen zunächst alternative Betriebe ein, bis in den 1990ern plötzlich das Schlagwort vom ›Kreativkai‹ die Runde machte.

Rund um den Hafenplatz

Ausgangspunkt dieses Rundgangs ist der **Hafenplatz** `1` am Alberloher Weg. Hier ist der postmoderne Strukturwandel besonders deutlich spürbar. Zur Rechten ist das **Cineplex** ✺ das größte Kino Münsters. Auch die **Stadtwerke** `2` und eine Bank haben sich moderne Bürotempel an den Hafenplatz gesetzt.

Industriekultur und Partymeile

Vom Hafenplatz führt der Weg an der linken Seite des Hafenbeckens entlang. Postmoderne Bürogebäude bestimmen das Bild. Im Erdgeschoss sind Cafés und Restaurants eingezogen, während die Stadt an der Wasserkante eine Promenade eingerichtet hat.

Erst im ›hinteren‹ Teil des Hafens sind alte Speichergebäude erhalten geblieben. Eine sehr gelungene Idee war die Einrichtung eines Ausstellungs- und Ateliergebäudes im **Speicher II** `3`, wo insgesamt immerhin 32 Ateliers und zusätzlich die **Kunsthalle Münster** untergebracht sind.

In diesen alten Speichern haben sich auch so unterschiedliche Nutzer angesiedelt wie der **Hot Jazz Club** ✺ oder der bekannte Kinderbuchverlag Coppenrath. Der frei zugängliche Bereich endet derzeit vor dem Baustellengelände der einstigen Osmo-Hallen, dessen Zukunft noch offen ist.

Wandel an der B-Side

Mittlerweile befindet sich auch die noch stärker industriell geprägte Südseite des Hafens im rasanten Wandel. Unter der engagierten Intendanz von Meinhard Zanger hat das **Wolfgang-Borchert-Theater** ✺ 2014 das Doppelgebäude des **Flechtheim- und Rhenus-Speichers** `4` am Mittelhafen bezogen. Das neue Domizil des ›WBT‹ war einst ein Getreidespeicher der Firma Flechtheim. Heute steht es als ältestes erhaltenes Hafengebäude (1899) unter Denkmalschutz. Wenige Meter weiter hat sich die **Hafenkäserei** `5` der Bio-Molkerei Söbbeke angesiedelt. Im 1. OG lässt sich der Käseproduktion zuschauen, unten im Bistro der Bio-Käse gleich vor Ort verkosten (auch Führungen).

TOOOOR!

1925 kommentierte der 26-jährige Sportjournalist Bernhard Ernst in der Westdeutschen Funkstunde am Alberloher Weg live das bundesweit erste Fußballspiel. Arminia Bielefeld siegte in Münster mit 5:0. Aufgrund einer technischen Panne musste Ernst allerdings per Telefon kommentieren. Den Reportage-Pionier Ernst ehrt heute eine vom Hafenplatz abgehende Straße. Und aus der Westdeutschen Funkstunde wurde später der WDR.

Chillen mit einem Cocktail ist vor allem am Hafen an Sommerabenden eine gute Idee.

Quo vadis, Hafen?

Viele Hafenflächen gelten als heißbegehrtes Bauland. Die Anwohner fürchten steigende Mieten und wachsenden Verkehr. Besonders umstritten sind der momentane Bau eines Einkaufszentrums am Hansaring und nebenan die

INFOS/ÖFFNUNGSZEITEN

Kunsthalle Münster: Hafenweg 28, Speicher II **3**, www.kunsthalle.muenster.de, Di–Fr 14–19, Sa/So 12–18 Uhr, Eintritt frei

mike karstens galerie: Hafenweg 28, Speicher II **3**, T 0251 606 87 80, www.mikekarstens.com, Di–Fr 14–19, Sa/So 12–16 Uhr, Eintritt frei

Hafenkäserei 5: Am Mittelhafen 20, T 0251 67 440 00, www.hafenkaeserei.de, Bistro Di 12–14.30, Mi–Sa 12–22, So 10–18 Uhr (Führungen n. V.)

KULINARISCHES FÜR ZWISCHENDRIN

An Wochenenden sind die Restaurants und Cafés im Hafen gut ausgebucht.

Italienische Spezialitäten bietet das **Pasta e Basta al Porto 1** (Hafenweg 24a, T 0251 61 89 99 63, www.pasta-e-basta.ms, tgl. 12–24 Uhr, Hauptgerichte 7,50–18,50 €; die Mittagsangebote sind etwas günstiger.

Die Terrasse des **Café Sieben 2** (Hafenweg 18–20, T 0251 609 13 70, www.cafesieben.de, im Winter Mo–Do 16–24, Fr–So 10 Uhr–open end, im Sommer tgl. 10 Uhr–open end) ist eine gute Adresse für einen Kaffee oder Drink.

Exquisite Kaffeegenüsse gibt es im Café der **Kaffeerösterei Supremo 3** (Bernhard-Ernst-Str. 21/Ecke Hafenweg, T 0251 97 44 91 32, www.supremo-kaffee.de, tgl. 10–18 Uhr).

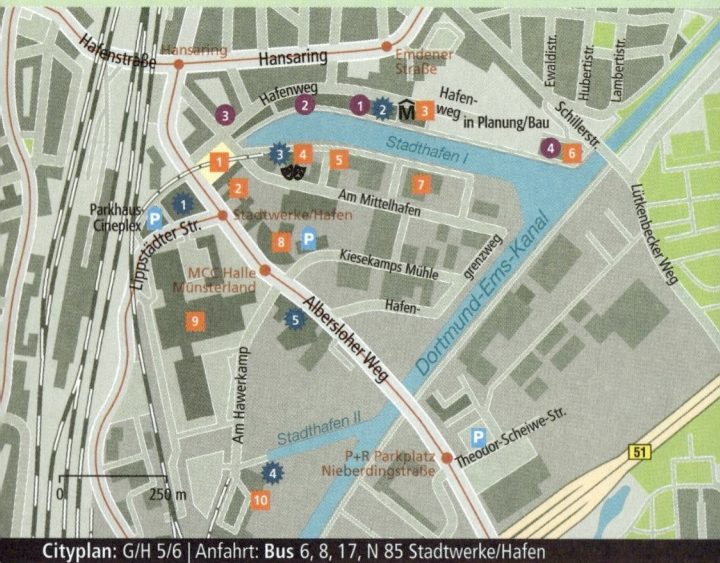

Cityplan: G/H 5/6 | **Anfahrt: Bus** 6, 8, 17, N 85 Stadtwerke/Hafen

Im hinteren Teil des Hafens blieben die alten Speicher erhalten. Und das ist auch gut so.

weitere Nutzung des ehemaligen Osmo-Hallen-Geländes zwischen Hafen und Schillerstraße. Hier geht es u. a. um finanzierbaren Wohnraum – bislang ist keine Lösung in Sicht. Leider erreicht man durch die Baustelle die restlichen Speicher (mit **Wolters-Gastronomie** ④, ▶ S. 97) an der **Hafenspitze** ⑥ bis auf weiteres nur über einen großen Umweg.

An der südlichen Hafenseite gibt es ebenfalls noch ungeklärte Baustellen. So ist das städtische Kraftwerk kein inspirierender Anblick, dafür soll bis 2021 im ehemaligen Hill-Speicher das neue Kulturzentrum **B-Side** ⑦ entstehen. Die rührige Initiative veranstaltet schon jetzt jährliche Festivals und ist ein Lichtblick im Hafenviertel.

Kongresse und Konzerte

Zurück am Albersloher Weg fungiert gegenüber vom modernen **Stadthaus 3** ⑧ die **MCC Halle Münsterland** ⑨ als vielseitiges Veranstaltungs-, Kongress- und Messezentrum. Berühmt wurde die Halle 1965, als hier die Rolling Stones ihr erstes Deutschland-Konzert gaben.

Verladekran

→ UM DIE ECKE

Jenseits der Halle Münsterland hat sich am **Hawerkamp 31** ⑩ inmitten ehemaliger Industrieflächen ein echtes Stück Alternativkultur erhalten. In alten Werkshallen und -gebäuden entstand in den letzten 20 Jahren eine quirlige und kreative Insel für Vereine, Künstler und alternative Musikclubs. Der ›Hawerkamp‹ ist heute in Münster ein feststehender Begriff. Eine willkommene Ergänzung war 2018 die Ansiedlung der stimmungsvollen Open-Air-Sommerlocation **Coconut Beach** ✳ am brachliegenden Stadthafen II.

Steffi Stephan hat als Bassist mit Udo Lindenberg das Panikorchester gegründet und stand schon mit Peter Maffay auf der Bühne. 2008 eröffnete er mit Sohn Marvin Lindenberg seinen Musikclub **Jovel Music Hall** ⑤ am Albersloher Weg/Ecke Hawerkamp neu. Das Jovel bringt seit über 30 Jahren Musiker nach Münster, darunter BAP und Marius Müller-Westernhagen.

›Pilgern‹ auf dem Prozessionsweg – **zur Werse**

Der Osten von Münster ist entlang der aufgestauten Werse landschaftlich reizvoll und ein Idyll für Kanuten, Spaziergänger und Radfahrer. Der wunderbar angelegte Prozessionsweg führt aus der Stadt hinaus zur malerischen Pleistermühle. Dort kann man zu einer erholsamen Kanu-Tour starten.

Ideal für eine Kanutour: die Werse an der Pleistermühle

Diese 12 bzw. 18 km lange Tour lässt sich gut per Rad durchführen. Ausgangspunkt ist die Promenade in Höhe der **Salzstraße** 1. Von dort geht es über die Warendorfer Straße, vorbei am hervorragenden Programmkino **Cinema** ✳ (mit Café Garbo, ▶ S. 94), dann über die Oststraße und den Mauritz-Steinpfad zur ersten Station.

Und Action: Rund 4500 km beschilderte Radwege hat das Münsterland.

Prozessionsweg

Die Pfarrkirche **St. Mauritz** 2 wurde schon um 1070/80 vor den Toren von Münster gegründet. Das dazugehörige Stift wurde 1811 aufgelöst. Von der ursprünglich romanischen Kirche sind noch die beiden schlanken Osttürme erhalten, die damit zu den ältesten Bauresten Münsters zählen. Auch die Erphokapelle stammt aus dem 12. Jh. Der um 1470 errichtete Chor ist hingegen spätgotisch geprägt.

Am Friedhof vorbei wird am Mauritz Lindenweg der Beginn des **Prozessionswegs** 3 erreicht. Der Weg geht bereits auf das Jahr 1609 zurück und wird bis heute für Wallfahrten nach Telgte (▶ S. 80) genutzt.

Die idyllische Lindenallee ist eine der schönsten in Münster und führt schnurstracks zum **Dortmund-Ems-Kanal** 4, der in den nächsten Jahren ausgebaut werden soll.

Vom Kanal zur Pleistermühle

Jenseits des Kanals wurde das **Weiße Kreuz** 5 1708 von Johann Wilhelm Gröninger geschaffen. Nun bestimmen Wald und Wiese das Bild, bevor es unter der Baustelle zum Ausbau der B 51 hinweg und durch den Villen-Vorort St. Mauritz weiter geradeaus geht. Auf dem letzten Stück säumen inmitten grüner Felder hohe Bäume den Prozessionsweg, bis er an einer roten **Wallfahrtskapelle** 6 von 1897 endet. Von dort führt der Pleistermühlenweg rechts nach 1 km zum malerischen Ensemble der **Pleistermühle** 7.

Der **Landgasthof Pleister Mühle** 1 sorgt für gute Verpflegung. Gleich nebenan ermöglicht

Von der Pleistermühle aus können Sie die Tour vielfältig verlängern. Am Werseufer kreuzt der ›Werse Rad Weg‹. Nach Norden gelangen Sie über Handorf, Haus Dyckburg (5 km) und Gut Havichhorst (7,5 km) nach Gelmer (12 km) mit Anschluss an den Radweg am Dortmund-Ems-Kanal und in die Rieselfelder (▶ S. 69, insgesamt 14 km). Ebenfalls sehr reizvoll ist die beschilderte Route von der Pleistermühle weiter zum schmucken Wallfahrtsort Telgte (8,5 km).

Cityplan: F–K 2/3 und außerhalb | **Ausgangspunkt: Bus** Servatiiplatz, Eisenbahn-straße (Freibad Stapelskotten: **Bus** 22, R22, R32)

INFOS/ÖFFNUNGSZEITEN

Kanustation Pleistermühle ❶:
Pleistermühlenweg 196, T 0251 982
73 (Rucksack-Reisen), www.kanuver
leih-pleister-muehle.de, Ende April–Mai/
Mitte Sept.–Anf. Okt. Fr 14–18, Sa/So
10.30–18 Uhr, Juni–Mitte Sept. Mo–Fr
14–18, Sa/So 10.30–18 Uhr, 3,50–7 €/
Std.
Freibad Stapelskotten ❷: Laerer
Werseufer 2, T 0251 31 18 20, Mai–
Mitte Sept. Mo 12–20, Di–So 9–20
Uhr, 4/2 €

KULINARISCHES FÜR ZWISCHENDRIN

Ein sehr beliebtes Ausflugsziel ist auch
der Landgasthof **Pleister Mühle ❶**
(Pleistermühlenweg 196, T 0251 13
67 60, www.pleistermuehle.de, Mo–Sa
11.30–22, So 9–20.30 Uhr, Hauptgerichte 10–24 €) neben der Kanustation.
Sonntags gibt es ein Frühstücksbuffet,
montags Reibekuchen und nachmittags
Kaffee und Kuchen. Zum Haus gehört
eine Minigolfanlage (3 €/Runde), und
wer im Grünen übernachten möchte,
kann dies gleich hier tun (▸ S. 91).

die **Kanustation Pleistermühle ❶** den Umstieg ins
Boot, um die aufgestaute Werse in aller Ruhe zu
erkunden.

Durch die Flussaue nach Stapelskotten

Eine sehr schöne, 6 km lange Schleife führt am
westlichen Werse-Ufer über den naturnahen
Rad-/Fußweg nach Süden Richtung Stapels-
kotten. So gelangt man auch in einen verblie-
nen Auwald-Bereich, der unter Naturschutz steht.
Am gegenüberliegenden Ostufer entstanden im
Laufe der Zeit Ferienhäuser sowie das einladende
Freibad Stapelskotten ❷.
   Am östlichen Werse-Ufer geht es zurück zur
Pleistermühle und von dort über den Hinweg zu-
rück in die Stadt.

Schilf, Vogelgeschrei und weiter Horizont – **die Rieselfelder**

14

Die Rieselfelder im Norden von Münster sind eines der wichtigsten Vogelschutzreservate in NRW. Auf den flachen, von Schilf umrandeten Wasserflächen machen im Frühjahr und Herbst zahllose Zugvögel Rast. In diesem wunderbaren ›Paradies aus Menschenhand‹ herrscht eine erstaunliche Artenvielfalt.

Zentraler Ausgangspunkt für Erkundungen ist die **Biologische Station Rieselfelder 1** an der Coermühle 181. Hier informiert eine jederzeit frei zugängliche kleine Ausstellung über die Artenvielfalt in den Rieselfeldern sowie über aktuelle Sichtungen von Vögeln. Es gibt auch Info- und Kartenmaterial sowie einen Lehrpfad.

Auch Bekassinen fühlen sich in den flachen Teichen wohl.

Ü
ÜBRIGENS

Mit dem Rad sind es aus der Innenstadt von Münster je nach Route 9 bis 10 km zur Biologischen Station. Die einfachste Route führt von der Promenade ab Neubrückentor über die Kanalstraße nach Norden aus der Stadt hinaus. Schließlich geht es rechts in die Straße ›Zum Rieselfeld‹, die hinter dem ersten Bahnübergang links weiter führt. Nach der Querung eines zweiten Bahnübergangs zur Rechten führt die Straße ›Coermühle‹ schräg links zum Heidekrug und zur Biologischen Station.

Diesmal kein ›Trauer‹-Schwanenpaar

Rundum herrscht vor allem im Frühjahr und Herbst hektisches Treiben, wenn Tausende Zugvögel, darunter viele Enten, Gänse und Watvögel, auf den Teichen und Feuchtwiesen Station machen. Aber auch viele Brutvögel haben die von dichten Schilfgürteln geschützten Wasserflächen für sich entdeckt.

Von der Kläranlage zum Naturschutz

Seit 1901 hatte die Stadt ihre Abwässer in mehr als 500 Parzellen auf einer bis zu 640 ha großen Fläche geklärt. In den 1960er-Jahren war dann aber die Belastungsgrenze erreicht und die Verrieselung wurde mit dem Bau der Hauptkläranlage 1975 eingestellt.

Natürlich gab es viele Begehrlichkeiten für das Areal, sogar ein riesiger AKW-Komplex war 1974 kurzzeitig im Gespräch. Doch schon Ende der 1960er-Jahre hatten Vogelkundler die Einrichtung eines Naturschutzgebiets gefordert, denn die offenen, sehr flachen und nährstoffreichen Wasserflächen der Rieselfelder waren für Zug- und Watvögel ideal. Der 1974 gegründete Verein der Biologischen Station konnte schließlich 1976 die Anpachtung von 233 ha durchsetzen.

Europäisches Vogelschutzgebiet

Seither konnte die Fläche auf gut 400 ha ausgeweitet werden und die Rieselfelder haben aufgrund ihrer Einmaligkeit internationalen Schutzstatus erlangt. 1979 wurde das Areal als Europäisches Vogelschutzgebiet ausgewiesen, 1983 folgte unter der RAMSAR-Konvention die Ausweisung als Feuchtgebiet von internationaler Bedeutung und 1998 wurde der nördliche Teil zum Naturschutzgebiet erklärt. Bis auf wenige Querverbindungen zwischen Hessenweg und Wöstebach ist dieser Bereich gesperrt. Der südliche Teil hingegen wurde als Naturerlebniszone über z. T. barrierefreie Wege und Aussichtspunkte für Besucher erschlossen.

Besonders erfreulich ist, dass in den Rieselfeldern die Artenvielfalt nicht ab-, sondern zunimmt. Es gibt rund 200 Vogelarten, wovon einige in Nordrhein-Westfalen nur hier brüten, darunter die Zwergrohrdommel, der Rohrschwirl, der Schilfrohrsänger und die Beutelmeise. 2012 brütete auch die Schellente hier erstmals in NRW und auch die seltenen Blaukehlchen sind hier beheimatet, genau wie Uferschnepfen sowie Rot- und Grünschenkel. Auf den Feuchtwiesen sind Kiebitze und Löffelenten anzutreffen. Dazu kommt, dass sich hier eine der größten Schilfflächen des Landes befindet, die z. B. Rohrammern, Teichrohrsängern und Rohrweihen Lebensräume bietet.

Naturerlebnispfad und Rieselfeldhof

Ab 1997 entstand südlich der Biologischen Station und der Durchgangsstraße Coermühle ein Naturerlebnispfad, der auf Schautafeln viele Hintergrundinfos präsentiert. Erste Station ist dabei der **Große Stauteich** 2 auf der anderen Straßenseite, der eine beliebte Anlaufstelle für Zugvögel und Dauergäste ist. Von einer Beobachtungshütte und einem Aussichtsturm an der Westseite lässt sich per Fernglas das rege Treiben auf der größten Wasserfläche der Rieselfelder beobachten.

INFOS

Biologische Station Rieselfelder 1: Coermühle 181, T 0251 16 17 60, www.rieselfelder-muenster.de; aktuelle Infos und regelmäßig Führungen
Rieselfeldhof 4: Coermühle 100, www.biostation-muenster.org, So 12–17/18 Uhr, Eintritt frei

KULINARISCHES FÜR ZWISCHENDRIN

Der **Heidekrug** 1 (Coermühle 100, T 0251 16 20 444, www.heidekrug-muenster.de, März–Okt. Di–Fr 13–22, Sa/So 11–22, Nov.–Febr. Di–Fr 15–21, Sa/So 11–21 Uhr, Hauptgerichte 9,50–20 €) am Rieselfeldhof ist ein über 100 Jahre altes rustikales Bauerncafé mit Terrasse. Auf dem Dach nistet ein Storchenpaar!

SPARGELHÖFE

Am nördlichen Rand der Rieselfelder gibt es zwei beliebte Spargelhöfe: **Lütke-Laxen** 2 in Gelmer, **Bäcker** 3 in Gittrup (▶ S. 99).

Cityplan: Karte 3, C 2 | **Anfahrt: Bus** 4 Rieselfelder

Besonders viele Heckrinder gibt es in Holland. Aber auch in den Rieselfeldern von Münster fühlen sie sich wohl.

Auf den verbliebenen Weideflächen siedelte die Biologische Station ca. 40 Heckrinder an, die als Züchtung den Auerochsen nachempfunden wurden. Sehr gut gelungen ist auch der **Schilflehrpfad 3**, der auf Holzstegen mitten ins Dickicht führt.

Am südlichen Ende der Rieselfelder ist hinter der traditionellen Ausflugsgaststätte **Heidekrug 1** im **Rieselfeldhof 4** eine Ausstellung zur Entwicklung der Rieselfelder untergebracht. Auch die Bildhauerin Sandra Silbernagel öffnet sonntags häufig ihr Atelier in der gegenüberliegenden Scheune (www.sandrasilbernagel.de).

Abschließend ein Tipp für Radfahrer (mit dem Auto nicht möglich): Für den Rückweg empfiehlt sich als Alternative der Hessenweg bis zur Brücke über den Dortmund-Ems-Kanal. Der Radweg führt auf der westlichen Kanalseite nach Süden an Coerde vorbei bis zur Kanalschleuse Münster. Von dort geht es rechts entlang der Bahnstrecke Richtung Innenstadt. Wer von der Biologischen Station den Abstecher nach Gimbte und in die Bockholter Berge noch dranhängt, sollte weitere 10 km einkalkulieren, sodass zurück in Münster rund 30 km auf dem Tacho stehen.

→ **UM DIE ECKE**

Sehr angenehm ist der Abstecher von der Biologischen Station über den Hessenweg ins 4 km entfernte adrette Örtchen **Gimbte 5** mit seinen Ausflugsgaststätten. Der Alte Fährweg führt von dort nach Osten über die Ems zum Naturschutzgebiet **Bockholter Berge 6**. Hier ist eine der letzten Heide- und Wacholderflächen in der Region in ein erholsames Waldgebiet eingebettet. Erneut über die Ems und durch die **Bauernschaft Gittrup 7** geht es wieder zurück in die Rieselfelder (10 km).

Literatur auf der Wasserburg – **Annette von Droste-Hülshoff**

 # 15

Eine der bedeutendsten Dichterinnen des 19. Jh. lebte nur wenige Kilometer westlich von Münster: Annette von Droste-Hülshoff wurde auf der malerischen Burg Hülshoff geboren und lebte später wenige Kilometer weiter auf Haus Rüschhaus, dem schmucken barocken Schlaun‹schen Landsitz. Die Tour lässt sich ideal auf Rädern genießen.

Das Münsterland ist für seine Wasserburgen bekannt, und ein typischer Vertreter ist die idyllisch gelegene Burg Hülshoff, die zugleich durch die Dichterin Annette von Droste-Hülshoff literarische Bedeutung hat.

Münsteraner nennen die bekannte Dichterin schlicht ›die Droste‹.

DROSTE

1825 erwarb der Freiherr von Droste-Hülshoff das Gut Rüschhaus **2**, 1826 zogen Annette und ihre Mutter hier ein. Die Dichterin bekam im Obergeschoss der Tenne eine kleine Wohnung. Das Innere des Hauses ist nur während einer Führung zugänglich. Sehr wohnlich ist die Küche mit dem großen Kamin, schmuck ist das Italienische Zimmer mit Blick auf den Barockgarten. Und in der Dichter-Wohnung gilt das ›Schneckenhäuschen‹ als Entstehungsort der Judenbuche. Das 1745 erbaute Rüschhaus war ursprünglich der Landsitz des Barockbaumeisters Johann Conrad Schlaun (► S. 76).

Wasserburg-Idyll

Die Geschichte der **Burg Hülshoff** **1** reicht bis ins 14. Jh. zurück. 1417 hatten die damaligen Drosten zu Deckenbrock das Anwesen gekauft. Die Drosten (Truchsesse) bekleideten hohe weltliche oder kirchliche Ämter und stiegen im ausgehenden Mittelalter über die städtische Oberschicht in den Adel auf. Weil ›Droste‹ ein Amtstitel war, unterschied man sich durch Hinzufügung des Landsitzes voneinander. So gibt es in Lüdinghausen die Freiherrn von Droste zu Vischering, hier nannte sich die Familie im 15. Jh. in Droste zu Hülshoff um.

Um 1545 entstand die jetzige L-förmige Anlage im Stil der Frührenaissance, eingebettet in eine große Gräftenanlage und mit einer vorgelagerten Insel für die Wirtschaftsbauten. Der dortige Hunde- und Gärtnerturm stammen auch bereits aus dem 16. bzw. 17. Jh. Im Inneren wurde die Burg Ende des 18. Jh. dem damaligen Zeitgeschmack angepasst. Interessant sind das Speisezimmer mit der Ahnengalerie der Drostes und zwei Portraits der Wiedertäufer-Anführer Jan van Leiden und Bernd Knipperdollinck sowie die Bibliothek mit rund 5000 Bänden. Seit 2012 verwaltet die Annette von Droste zu Hülshoff-Stiftung die Burg und das Rüschhaus. Sie will beide Häuser über einen »erlebnisreichen Lyrikweg« verbinden. 2016 wurde die Vorburg renoviert.

Annette von Droste-Hülshoff

1797 kam ›die Droste‹ auf Burg Hülshoff zur Welt und verbrachte die ersten 29 Lebensjahre hier, bevor sie nach dem Tod ihres Vaters 1826 ins Haus **Rüschhaus** **2** umsiedeln musste. Später weilte sie lange in Meersburg am Bodensee, wo die oft kränkelnde Dichterin 1848 starb.

Zu Lebzeiten erhielt sie für ihre Werke nur wenig Beachtung. Ihre berühmte Novelle »Die Judenbuche« oder auch die Ballade »Der Knabe im Moor« (beide 1842) wurden erst nach ihrem Tod richtig bekannt, als man Ende des 19. Jh. plötzlich die Dichterin ›entdeckte‹ und ihre Werke zur Standardlektüre im Schulunterricht wurden. So hat sich die Textzeile »O, schaurig ist's, übers Moor zu gehen« zu einem klassischen Zitat entwickelt und die Dichterin wurde sogar auf dem letzten 20-DM-Schein gewürdigt.

Ein Traum: die Wasserburg Hülshoff bei Münster

2018 wurden Burg Hülshoff und Haus Rüschhaus zum ›Center for Literature‹ für aktuelle Diskussionen zwischen Literatur und Gesellschaft.

INFOS

Wer vom Zentrum aus mit dem Fahrrad beide Häuser besichtigt, hat ca. 22 km vor sich. Der Hinweg erfolgt am besten parallel zum Aasee über Allwetterzoo/ LWL-Naturkundemuseum und über Reiner-Klimke-Weg/Sentruper Straße/Dingbängerweg nach Roxel und von dort über die Havixbecker Straße zur Wasserburg (ca. 11 km). Von Hülshoff geht es Richtung Nienberge, vorbei am Haus Vögeding zum Haus Rüschhaus (5 km). Von dort ist der Weg über die Autobahn und dann links ›Am Gievenbach‹ und rechts den Horstmarer Landweg zurück in die City beschildert (6 km).

ÖFFNUNGSZEITEN

Burg Hülshoff 🟧1: Schonebeck 6 (Havixbeck), T 02534 10 52, www.burg-huels hoff.de, 2. Märzhälfte, Okt., Nov. Mi–So 11.30–17, April–Sept. tgl. 11–18.30 Uhr, Park und Café Eintritt frei, Museum 5/3,50 € (inkl. Audio-Guide)

Haus Rüschhaus 🟧2: Am Rüschhaus 81, T 02533 13 17, www.haus-rueschhaus. de, April/Okt. Di–So 11, 12, 14, 15 Uhr, Mai–Sept. Di–So 10, 11, 12, 14, 15, 16, 17 Uhr (mit Führung, der Garten ist frei zugänglich), 5/3,50 €

Kombi-Ticket Hülshoff/Rüschhaus: 8/6 €

KULINARISCHES FÜR ZWISCHENDRIN

Im Gewölbe der **Burg Hülshoff** 🟧1 und im Vorhof bietet das gemütliche Café-Restaurant (April–Nov. tgl. 11–18.30 Uhr, T 02534 10 52, Hauptgerichte 10–16 €) Kaffee, Kuchen und auch größere Gerichte.

Mörderisches Vergnügen –
Wilsberg, Tatort & Co.

Millionen Fernsehzuschauer fiebern regelmäßig im ZDF mit dem westfälisch-kauzigen Privatdetektiv Georg Wilsberg oder im ARD-Tatort mit Hauptkommissar Frank Thiel und seinem schrulligen Partner, dem Rechtsmediziner Prof. Boerne, um eine erstaunlich hohe Zahl von Morden in Münster aufzuklären. Durch die beiden Kult-Krimis, die auf viel Humor setzen, ist Münster bundesweit zu einer der bekanntesten TV-Krimischauplätze geworden.

Wilsberg – wie alles begann

Antiquariat Solder   Karte 2, E 3
Das kleine Antiquariat Solder an der Frauenstraße 49–50 darf auf keinem Krimi-Rundgang fehlen, denn in den ZDF-Krimis wird der Namenszug einfach durch »Antiquariat Wilsberg« ersetzt – und schon betreten Sie die Welt des etwas muffligen, aber sehr hilfsbereiten und hartnäckigen Privatdetektivs Georg Wilsberg, der in seinem Hauptberuf offiziell Antiquar ist, aber eigentlich nie dabei gefilmt wird, wie er tatsächlich ein Buch verkauft.
»Wilsberg« hat 1990 der Münsteraner Journalist und Schriftsteller Jürgen Kehrer erfunden: in seinem ersten Roman »Und die Toten lässt man ruhen«. In den Büchern betreibt der Detektiv übrigens ein Briefmarken- und Münzgeschäft. 1995 drehte das ZDF dann einen Pilotfilm mit Joachim Król, bevor es 1998 mit Leonard Lansink in der Hauptrolle richtig losging. Bis zu viermal jährlich flimmern die Krimis samstags über die Mattscheiben. Dabei stehen dem klammen Detektiv der Finanzbeamte Ekki sowie seine Patentochter Alex zur Seite. Auf Seiten der Polizei ist neben Hauptkommissarin Anna ihr Assistent Overbeck zu einer Kultfigur geworden, weil er einen besonderen Mix aus Arroganz, Selbstüberschätzung und Tolpatschigkeit rüberbringt.

Die Szenen im und vorm Antiquariat entstehen in Münster, die dahinterliegende Wohnung ist aber eine Studiofiktion in Köln, wo auch andere Filmteile gedreht werden. Die Crews sind gerne in Münster, weil die Bevölkerung auf Einschränkungen durch die Dreharbeiten gelassen und neugierig reagiert.

»Polizeipräsidium«

Bispinghof   Karte 2, E 3
Typisch für Wilsberg und Tatort ist die Umwandlung von realen Gebäuden für filmische Zwecke. So ist das Polizeipräsidium bei Wilsberg im realen Leben am Bispinghof Teil des Pädagogischen Instituts. Der Eingang führt zum Hausmeister … In anderen Filmen wird das Amtsgericht zum Rathaus, der Segelclub zu einer Privatklinik oder der Stadthausturm zu einem Konzertsaal. Übrigens: Im realen Leben beschäftigt sich die Polizei in Münster weniger mit Mord als mit Raddiebstahl.

Altstadtflair

Domplatz und Prinzipalmarkt
  Karte 2, E/F 3
Bei soviel Erfolg im ZDF entschied sich die ARD 2002, ein eigenes Tatort-Team nach Münster zu schicken. Frank Thiel (Axel Prahl) und Prof. Karl-Friedrich Boerne (Jan-Josef Liefers) gewannen gleich zu Anfang das Publikum für sich:

vor allem durch scharfzüngige Dialoge (▶ S. 114). Auch hier steht der Humor im Vordergrund, denn die kleinwüchsige Assitentin des Professors muss als »Alberich« ihrem arrogant-schrulligen Chef immer wieder Paroli bieten, während »Vaddern« Thiel als Taxifahrer und gelegentlicher Haschkonsument oft in Konflikt zu seinem Polizistensohn gerät. Das Konzept war von Anfang an ein Quotenrenner. Da der Tatort keine ständigen Drehorte als Angelpunkt hat, ist man hier noch stärker auf ›münstertypische‹ Szenen angewiesen. So muss Kommissar Thiel – genau wie Detektiv Wilsberg – regelmäßig mit dem Rad über den Domplatz oder den Prinzipalmarkt radeln. Auf dem Prinzipalmarkt finden dann auch schon mal Demos statt oder die Staatsanwältin besucht ein Konzert, während Boerne eher mit seinem schicken Auto vorfährt. Natürlich spielen auch die Wiedertäufer und ihre Käfige eine Rolle, da sie schon in Kehrers Literaturvorlagen Thema sind.

Nah am Wasser
Aasee und Hafen 🗺 B–D 4–6 und G/H 5
Mal entrümpeln die Grünen den Aasee, mal wird eine Leiche geborgen oder der Kommissar fährt mit dem Tretboot-Schwan – der städtische See wird natürlich genauso in Szene gesetzt wie der Hafen. War dieser zunächst filmisch eine trostlose Abbruchlandschaft, werden dort jetzt dubiose Makler und dynamische Anwaltskanzleien in den postmodernen Bürohäusern beheimatet – hier lässt sich bestens die Stadtentwicklung ablesen.

Mordfall Hermann Rohrbach
Aasee 🗺 B–D 4–6
Sowohl Tatort als auch Wilsberg haben jeweils eine Folge (»Mörderspiele« bzw. »Wilsberg und die Tote im See«) einem tatsächlichen Mordfall und Justizskandal in Münster gewidmet. Denn 1957 wurden im Aasee und der Aa die Leichenteile des Anstreichers Hermann Rohrbach gefunden. Für das Verbrechen kam zunächst seine 16 Jahre jüngere Frau Maria in Haft. Laut Urteil hatte sie ihn vergiftet und zerstückelt.
Später kam sie aufgrund schwerer Verfahrensfehler jedoch wieder frei. Der Fall ist bis heute ungeklärt und sorgte damals bundesweit für Schlagzeilen. Der Spiegel aus Hamburg machte das Thema sogar zur Titelgeschichte in der Ausgabe 26/1961.

Für den Tatort »Schwanensee« strampeln Thiel und Boerne über den Aasee.

Pause. Einfach mal abschalten

Genug vom Stadtbummel? Münster ist eine Stadt im Grünen, die sehr viele Erholungsmöglichkeiten bietet, auch jenseits von Aasee, Werse und Rieselfeldern. Parks und weitläufige Naherholungsgebiete ermöglichen lange Spaziergänge oder Radtouren. Sehr schön sind z. B. die Wälder der Hohen Ward und des Wolbecker Tiergartens sowie das Venner Moor.

Schwimmen an der Promenade

Hallenbad Mitte ◻ Karte 2, D 3/4
An der südwestlichen Promenade ist das städtische Hallenbad gerade im Winter ein beliebter Treffpunkt für Schwimmfreunde. Die große Halle hat eine fantastische Fensterwand zur Promenade raus, es gibt zusätzlich auch ein Sprudel- und Kinderbecken sowie ein Solarium und einen Fitnessraum. Freitags ist Warmbaden angesagt.
Badestr. 8, T 0251 484 13 53, www.stadt-muenster.de/sportamt/baeder/hallenbad-mitte.

Knapp jenseits der südwestlichen Stadtgrenze erstreckt sich am Dortmund-Ems-Kanal das 148 ha große Naturschutzgebiet **Venner Moor** (◻ Karte 3, B 2) – eine Welt für sich. Atmosphärisch besonders reizvoll sind die Teiche mit den abgestorbenen Baumstümpfen. Vom Wanderparkplatz an der Landstraße nach Ottmarsbocholt führen zwei Rundwege ins Hochmoor, teilweise wurden dafür Bohlenwege angelegt. Am südlichen Rand des Moors liegt die kleine Venner Kirche aus dem 13. Jh.
Mo–Sa Bus 7/R41; So Linie 7, dann Taxibus 541 Venner Moor, Venner Kirche, weitere Informationen www.naturschutzzentrum-coesfeld.de

html, allgemeine Badetage: Mo 10–22, Mi, Fr 6.30–22, Sa 10–18, So 8–17 Uhr, 4/2 € (Warmbadetag plus 1,50/1 €)

See, Heide und Wald

Hiltruper See und Hohe Ward
◻ Karte 3, C 2
Im äußersten Süden von Münster beginnt am 15 ha großen Hiltruper See das Waldgebiet der Hohen Ward. Zum Dortmund-Ems-Kanal sind es von der ehemaligen Sandgrube nur wenige Meter, das Freibad Hiltrup (T 02501 169 22) lockt im Sommer die Gäste an. Am See gibt es eine kleine Heidefläche und zu beiden Seiten der Eisenbahn lädt das Wasserschutzgebiet der Hohen Ward zum Spaziergang, Radeln und Reiten ein. Ansehnlich ist der 1906 errichtete Kuppelrundbau des Wasserwerks mitten im Wald. Hier wird ein Großteil des Trinkwassers der Stadt Münster gewonnen. Der NABU hat im Wald einen Lehrpfad angelegt (www.nabu-naturschutzstation-muensterland.de).
Westfalenstraße/Zum Hiltruper See, kein Bus

Erbdrostenhof und Tiergarten

Wolbeck ◻ Karte 3, C 2
Im Südosten von Münster verfügt Wolbeck über einen sehenswerten Drostenhof aus der Mitte des 16. Jh. Damals war Wolbeck Residenz des Münsteraner Fürstbischofs, der sich auch während der Reformation und Täuferherrschaft in Münster 1533–35 hierhin in seine Burg zurückgezogen hatte. Während von der Burg nichts erhalten blieb, glänzt der Drostenhof im Renaissancestil noch heute.

»O, schaurig ist's, übers Moor zu gehen«: das Venner Moor

Südöstlich des Ortskerns steht der 288 ha große herrliche Mischwald des Wolbecker Tiergartens unter Naturschutz. Einst jagten hier die Fürstbischöfe, heute kann sich ein Teil als ›Naturwaldzelle‹ bzw. ›Wildnisgebiet‹ sogar ohne menschliche Bewirtschaftung entwickeln. Besonders idyllisch ist es in der Angel-Aue rund um das ehemalige fürstbischöfliche Jagdhaus von 1712. Der NABU hat einen 6,2 km langen Lehrpfad eingerichtet sowie einen Faltplan aufgelegt (www.nabu-natur schutzstation-muensterland.de).

Drostenhof: Am Steintor 5, Bus 22, R32 Drostenhof; Tiergarten: Bus 22, R22 Im Bilskamp

Naherholung und Pferdezentrum
Haus Dyckburg/Gut Havichhorst
Ⓜ Karte 3, C 2
Haus Dyckburg und der angrenzende Boniburger Wald sind ein schönes Naherholungsgebiet im Nordosten Münsters. Dompropst Friedrich Christian Graf von Plettenberg-Marhülsen wollte sich 1735 von Johann Conrad Schlaun einen repräsentativen Landsitz errichten lassen. Fertiggestellt wurden aber nur eine Kapelle sowie zwei Wirtschaftsgebäude. Der kleine Boniburger Wald erstreckt sich bis zur Werse. Auf der anderen Seite liegt der Vorort Handorf.

2,5 km nördlich von Haus Dyckburg ist jenseits des Vororts Sudmühle das schon 1032 erwähnte Gut Havichhorst eine der ältesten bekannten Hofstellen im Münsterland. Heute ist auf dem Gut ein Tagungszentrum sowie der moderne Komplex der Westfälischen Reit- und Fahrschule Münster mit großem Trainingsgelände (Havichhorster Mühle 100, www.wrfs.de) untergebracht. Noch 1 km weiter nördlich liegt am ›Werse Rad Weg‹ Richtung Gelmer die schon im Jahr 1318 erwähnte Havichhorster Mühle.

Haus Dyckburg und Gut Havichhorst lassen sich gut auf einer Radtour entlang der Werse von der Pleistermühle (▶ S. 67) hinauf nach Gelmer und in die Rieselfelder (▶ S. 69) ansteuern.

Dyckburgstr. 220, Bus 4 Heidehof

Ausflüge ins Münsterland

Die grüne Parklandschaft des Münsterlands ist für ihre romantischen Wasserburgen berühmt. Schmucke Städtchen, weitläufige Wälder sowie Reste von Hochmooren und Heideflächen laden zu Erkundungen per Rad oder mit dem gut ausgebauten Nahverkehr ein. Im weitgehend flachen Münsterland gibt es mit den Baumbergen und dem Teutoburger Wald auch zwei kleine Höhenzüge.

TELGTE

Das schmucke Emsstädtchen Telgte (🗺 Karte 3, C 2, 19 500 Ew., 12 km östlich) erhielt bereits im 13. Jh. Stadtrechte. Ein Publikumsmagnet sind neben dem EmsRadweg die Marienwallfahrten, die auf das Jahr 1654 zurückgehen. Fürstbischof Christoph Bernhard von Galen ließ dafür neben der zentralen Clemenskirche eine Wallfahrtskapelle errichten. Schräg gegenüber passt thematisch das vielseitige Westfälische Museum für religiöse Kultur RELiGIO (Herrenstr. 1–2, T 02504 931 20, www.museum-religio. de, Di–So 11–18 Uhr, 5/0 €) gut ins Bild. Auf der anderen Straßenseite ist im Altbau das »Telgter Hungertuch« von 1623 ausgestellt. Vor Weihnachten ist die Krippenausstellung zu sehen. Die Kapellenstraße und den beschaulichen Marktplatz säumen mehrere nette Cafés und Restaurants.

Infos
Touristeninformation: www.telgte.de
Nahverkehr: Stündl. Züge von Münster (12 Min.) und Warendorf (20 Min.)

WARENDORF

Ebenfalls an der Ems liegt Warendorf (🗺 Karte 3, C 2, 37 500 Ew., 26 km östlich). Der malerische Altstadtkern macht die historische Marktstadt zu einem der attraktivsten Orte im Münsterland. Bereits Bistumsgründer Liudger baute hier zu Beginn des 9. Jh. eine erste Kirche, im 13. Jh. erhielt Warendorf die Stadtrechte. Überregional bekannt ist Warendorf als ›Hauptstadt der Pferde‹.

Marktplatz und Kirchplatz
Der historische Marktplatz wird von stattlichen Bürgerhäusern gesäumt. Besonders schön sind die Fassaden von Nr. 13 und 15 an der Westseite sowie das Giebelhaus im Stile der Weser-Renaissance an der Ostseite in Nr. 4. Diese Häuser stammen zumeist aus dem 17. Jh. Das gilt auch für das prächtige Haus Temme mit dem kunstvollen Schaugiebel an der angrenzenden Emsstr. 1. Bereits im frühen 15. Jh. entstand die dreischiffige gotische Laurentiuskirche auf dem östlich anschließenden Kirchplatz. Beachtenswert sind das 500 Jahre alte Chorgestühl sowie die »Schwarze Madonna«.

Fachwerk und Westpreußen
In der östlichen Altstadt stehen mehrere sehr schöne Fachwerkhäuser. Die bewegte Vergangenheit einer heute polnischen Region wird im Westpreußischen Landesmuseum (Klosterstr. 21, T 02581 92 77 70, www.westpreussisches-landesmuseum. de, Di–So 10–18 Uhr, 4/2,50 €) anschaulich erläutert. Das Museum ist in einem ehemaligen Franziskanerkloster untergebracht.

Mit Fantasie ins Mittelalter: Spectaculum in Telgte

NRW-Landgestüt

Nördlich der Ems ist seit Ende des 19. Jh. das NRW-Landgestüt (Sassenberger Str. 11, T 02581 636 90, www.landge stuet.nrw.de, Stallungen: Mo–Di, Do–Fr 9–12, 14–17, Mi, Sa 9–12, 17–18, So 11–12 Uhr, Eintritt frei) angesiedelt. Schon die Preußen hatten 1826 das Gestüt in Warendorf gegründet, um die Zuchtqualität zu erhöhen. Die denk-malgeschützten Stallungen, in denen gut 110 Hengste leben, sind öffentlich zugänglich.

Infos

Touristeninformation: www.warendorf. de
Nahverkehr: Stündlich verkehren Züge über Telgte (20 Min.) nach Münster (ca. 30 Min.).

SCHLOSS NORDKIRCHEN

Inmitten eines weitläufigen Parks umgeben von Wassergräben gilt das Barockschloss Nordkirchen (🗺 Karte 3, B 3) als das ›Westfälische Versailles‹. Kein Palast im Münsterland kann es mit dieser herrschaftlichen Anlage aufnehmen.

Geschichte

30 km südlich von Münster beauftragte Fürstbischof Friedrich Christian von Plettenberg-Lenhausen zu Beginn des 18. Jh. die Brüder Pictorius mit dem Schlossbau ganz im Zeichen des barocken Absolutismus. Doch der Bau zog sich nach dem Tod des Fürstbischofs hin. Den letzten Schliff erhielt das Schloss erst ab 1723 unter dem damals noch weitgehend unbekannten Johann Conrad Schlaun.

Rundgang

Die Prunkseite des Schlosses liegt Rich-tung Norden zum Ortskern von Nord-kirchen (10 000 Ew.). Von den Alleen gleitet der Blick über die von Schlaun gestaltete Venusinsel zum ganz in rotem Backstein mit Sandstein-Fensterumrah-mungen gehaltenen Hauptflügel der Anlage. Erst von der Hauptzufahrt im Süden erkennt man jedoch die eigent-liche Größe des Schlosses mit seinen Seitentrakten und Wirtschaftsbauten. Das Innere lässt sich nur mit Führungen besichtigen, die an der Schlosskapelle starten.
Im Haupttrakt ist vor allem der zentrale Jupitersaal bemerkenswert, der über eine herrschaftliche Freitreppe mit der

B
*BLAU
DRUCK*

Im Münsterland sind zwei der letzten Blaudruckereien in Deutschland ansässig. Die Textildesignerin **Elke Schlüter** (Münsterstr. 51, Lüdinghausen (Karte 3, B 3), T 02591 17 59, www.blaudruckerei-lueding hausen.de, Di–Fr 10–12, 15–18, Sa 10–14 Uhr) ist eine Meisterin ihres Fachs und verwendet über 800 verschiedene Muster für ihre handbedruckten Stoffe.
Die **Blaudruckerei Kentrup** (Kirchplatz 8, Nottuln (Karte 3, B 2), T 02502 93 47, www.kentrup. eu, Di–Fr 10–11.30 Uhr) in Nottuln arbeitet schon seit 185 Jahren direkt hinter der Martinuskirche. Beide Blaudruckereien verkaufen ihre Produkte vor Ort und bieten Gruppenführungen an. Seit 2018 gilt die Blaudruckerei als UNESCO-Welterbe.

Venusinsel verbunden ist. Filigran sind die Stuckverzierungen unter der Decke, während die Deckengemälde hier – wie auch im Vestibül und in der Kapelle – von Martin Pictorius stammen. Sehenswert sind außerdem die direkt angrenzenden Paradieszimmer und Olympzimmer.
Das Schloss dient heute der Fachhochschule für Finanzen NRW als repräsentative Visitenkarte; mit Schlossrestaurant.

Infos
Schlossführungen: nach Anmeldung oder Mai–Sept. So stdl. 11–17, Okt.–April So stdl. 14–16 Uhr, 3/1 €, Infos und Anmeldung: 02596 933 17 73, www.schloss.nordkirchen.net
Nahverkehr: Entweder Sie nehmen den Bus S90 von Münster nach Lüdinghausen und fahren dann mit Bus R53 weiter oder nehmen die Regionalbahn in Richtung Dortmund bis zum Haltepunkt Capelle und von dort den Bus R53 nach Nordkirchen.

LÜDINGHAUSEN

Lüdinghausen (🕮 Karte 3, B 3, 25 000 Ew., 30 km südwestlich) ist die Stadt der Burgen.

Burg Vischering
Wo das Schloss Nordkirchen auf maximale Prachtentfaltung angelegt ist, versteckt sich die in einem waldähnlichen Park gelegene Burg Vischering geradezu vor den Augen der Besucher. Erst im letzten Moment öffnet sich der Blick auf den Prototyp einer romantischen münsterländischen Wasserburg, deren Anfänge auf das 13. Jh. zurückgehen. Damals ließ der Fürstbischof dem benachbarten Herrn auf Burg Lüdinghausen einfach einfach die neue Burg Vischering direkt vor die Nase setzen.
Die Drosten zu Vischering stiegen zu einem der wichtigsten Adelsgeschlechter im Münsterland auf und residieren seit 1690 auf dem herrschaftlichen Schloss Darfeld. Über die Vorburg, wo sich das nette Café Reitstall, eine Backstube (Fr–So) und Ausstellungsräumlichkeiten befinden, gehen Sie über die stilechte Holzbrücke in die Hauptburg. 2017/18 wurden das Burgmuseum und das Parkumfeld deutlich aufgewertet. Im Haus geht es um die wechselvolle Burggeschichte, wobei u. a. ein kunstfertiges Himmelbett aus der Mitte des 16. Jh. und Delfter Kaminkacheln für historisches Flair sorgen. Nicht versäumen: einen Spaziergang durch den idyllischen Burgpark.

Infos
Burg Vischering: Berenbrock 1, 59348 Lüdinghausen, T 02591 79 90 11, www. burg-vischering.de, Di–So 10–18 Uhr, Eintritt Haupt- und Vorburg 3,50–7,50 €
Nahverkehr: regelmäßig mit Schnellbus S90 von/nach Münster (ca. 45 Min.)

BAUMBERGE

Etwa 20 km westlich von Münster beginnen die Baumberge (🕮 Karte 3, B 2). Der kleine Höhenzug verleiht der

Region zwischen Havixbeck, Nottuln, Billerbeck und Coesfeld einen reizvoll hügeligen Charakter. Vor allem zwischen Havixbeck und Nottuln gibt es schöne Wanderwege.

Longinusturm
Höchste Erhebung der Baumberge und des Münsterlandes ist zwischen Havixbeck, Nottuln und Billerbeck der 187 m hohe Westerberg mit dem Longinusturm. Von der 24 m hohen Aussichtsplattform hat man bei klarem Wetter einen herrlichen Rundblick. Unten öffnet das rustikale Ausflugscafé ›1897‹ (www.cafe1897.de, Sommer Di–Sa 14.30–18, So 11–18, Winter Fr 14.30–18, Sa 14–18, So 12.30–18 Uhr).

Havixbeck
Jahrhundertelang lebten die Menschen in den Baumbergen unter anderem vom Abbau und der Bearbeitung des hellen Baumberger Sandsteins. Der St.-Paulus-Dom in Münster wurde ganz aus diesem Material errichtet. Eine hervorragende Einführung in die Kulturgeschichte und Nutzung des hiesigen Sandsteins liefert auf einer ehemaligen Hofstelle in Havixbeck (11 500 Ew.) das Baumberger Sandsteinmuseum (Gennerich 9, T 02507 15 96, www.sandsteinmuseum.de, April–Sept. Di–So 11–18, sonst 13–18 Uhr, Eintritt frei, mit Café).

Nottuln
Im Südosten des Höhenzugs ging die Gemeinde Nottuln (20 000 Ew.) aus einem Damenstift hervor. Mittelpunkt ist die schöne spätgotische Martinuskirche. Nach dem verheerenden Brand von 1748 erhielt der Baumeister **Johann Conrad Schlaun** den Auftrag zum Wiederaufbau. Er schuf die sehr stattlichen ehemaligen Stiftshäuser südlich der Kirche.

Billerbeck
809 starb der später heiliggesprochene Bistumsgründer Liudger auf der Durchreise in Billerbeck (11 500 Ew.), das so zum Wallfahrtsort wurde. Im Ortskern zieht zunächst die neogotische St.-Liudger-Kirche (1892–98) alle Blicke auf sich. Wesentlich älter ist die spätromanische dreischiffige St.-Johannis-Kirche aus dem 13. Jh., umgeben von einem der malerischsten Kirchplätze im Münsterland.

Ein Gedicht in Weiß: Das barocke Wasserschloss Nordkirchen verzaubert seine Besucher auch im Winter.

Die letzten Wildpferde Westfalens leben im Merfelder Bruch wenige Kilometer von der Stadt Dülmen entfernt.

Prächtig ist zudem die Renaissance-fassade von Haus Beckebans an der Münsterstr. 6.

Infos

Touristeninformationen: www.baum berge-touristik.de
Nahverkehr: Havixbeck und Biller-beck sind per Zug stündl. an Münster angebunden (17 bzw. 30 Min.). Nottuln wird vom Schnellbus S60 ab Münster angesteuert (ca. 40 Min.).

HALTERN AM SEE

45 km südwestlich von Münster liegt Haltern am See (📖 Karte 3, B 3, 38 500 Ew.). Die schön in Wald- und Heideland-schaft eingebetteten Stauseen dienen als Trinkwasserreservoir, die ehemalige Quarzsand-Grube Silbersee II ist nun ein populärer Badesee.

LWL-Römermuseum

Beinahe wäre Haltern zur römischen Provinzhauptstadt für das heutige Westfalen geworden. Vor 2000 Jahren errichteten die Römer entlang der Lippe mehrere Lager. Das wichtigste Kastell lag im heutigen Haltern, wurde jedoch nach der Niederlage des römischen Feldherrn Varus am Teutoburger Wald 9 n. Chr. aufgegeben.
Das LWL-Römermuseum (Weseler Str. 100, T 02364 93 760, www.lwl-roemer museum-haltern.de, Di–Fr 9–17, Sa/So 10–18 Uhr, 1,50–5 €) dokumentiert vielfältig und dabei trotzdem kurzweilig das römische Legionärsleben an der Lippe.

Infos

Touristeninformation: www.haltern-am-see.de
Nahverkehr: 2x stündl. Züge von/nach Münster (ca. 35 Min.)

ZWILLBROCKER VENN

75 km westlich von Münster liegen an der niederländischen Grenze im Zwillbrocker Venn (📖 Karte 3, A 2) ein international bedeutendes Vogel-schutz- und Feuchtgebiet sowie eine der schönsten Barockkirchen in West-falen.

Barocke Flamingos

Das 185 ha große Zwillbrocker Venn ist ein altes Moorgebiet mit Heide- und Feuchtflächen. Auf dem flachen Lachmöwensee sorgen Tausende Vögel für reichlich Gekreische, doch das eigentliche Highlight sind die bis zu 50 Flamingos, die sich seit Anfang der 1980er-Jahre jährlich von März bis Juli hier niederlassen und brüten. Anzutreffen sind vor allem Chile-Flamingos, aber auch der Große Flamingo und Karibische Flamingos werden gesichtet. Ein 5,8 km langer Rundweg präsentiert das interessante Venn in seiner ganzen Vielfalt.

Ausgangspunkt ist die im Jahr 1713 erbaute Barockkirche, schräg gegenüber der Biologischen Station. Die prunkvolle Kirche diente niederländischen Katholiken als Anlaufpunkt. Direkt nebenan befindet sich das ansprechende Hotel-Restaurant Kloppendiek (www.kloppendiek.de).

Infos

Biologische Station Zwillbrock: Zwillbrock 10, 48691 Vreden, T 02564 98 600, www.bszwillbrock.de, Ostern–Okt. Mo–Fr 8–16.30, Sa/So 12–17, Nov.–Ostern Mo–Do 8–16.30, Fr 8–14.30 Uhr; mit informativer Ausstellung. Von hier ist es gut 1 km zu Fuß zum Lachmöwensee.

....

ENSCHEDE UND GRONAU

....

Der niederländische Grenzort Enschede (🗺 A 1, 160 000 Ew., 65 km nordwestlich) ist mit dem überregional bekannten Wochenmarkt (Di und Sa) auf dem Hendrik Jan van Heekplein seit langem ein beliebtes Ausflugsziel für Münsterländer.

Das Zentrum der dynamischen Unistadt ist ausgesprochen quirlig. Rund um den alten Marktplatz (Oude Markt) haben sich viele kleine Cafés angesiedelt und sorgen für eine gute Unterhaltung, während die Geschäfte am Platz zum Einkaufsbummel verleiten.

Rock'n'Popmuseum

Auf dem Weg nach Enschede verdankt die ehemalige Textilstadt Gronau (49 000 Ew.) dem 1946 hier geborenen Udo Lindenberg eine ungewöhnliche Attraktion: Zu seinen Ehren baute man direkt am Bahnhof eine alte Fabrikhalle zum Rock'n'Popmuseum (Udo-Lindenberg-Platz 1, T 02562 81 480, www.rock-popmuseum.de, Di–So 10–18 Uhr, 9,50/7 €) um.

Es präsentiert mit viel Technik eine spannende »auditive Zeitreise« durch die Rock- und Popmusik, inklusive Jazz, Folk und Punk.

Infos

Touristeninformationen: www.stadt enschede.de, www.gronau.de Nahverkehr: Stündl. verkehren Züge von Münster nach Gronau (60 Min.) und Enschede (75 Min.). Die deutschen Regionaltickets gelten bis Enschede.

ÜBRIGENS

Im Mittelalter war Westfalen für seine Wildpferdebahnen bekannt, doch nur zwischen Dülmen und Reken blieb den Wildpferden ein letztes Rückzugsgebiet. Derzeit leben ca. 400 Pferde im 400 ha großen Naturschutzgebiet Merfelder Bruch, das dem Herzog von Croÿ gehört. Nur am letzten Samstag im Mai greift der Mensch ein, wenn die jungen Hengste beim Wildpferdefang aus der Herde per Hand herausgefangen und dann versteigert werden. Besucher der Wildpferdebahn müssen sich im restlichen Jahr sehr zurückhalten, um die Herde nicht zu stören.

Infos: Merfelder Bruch (ca. 5 km westlich von Dülmen-Merfeld, 🗺 Karte 3 B 2), www.wildpferde.de, Mitte März–Okt. Sa/So 10–18 Uhr (wetterabhängig), 3/1,50 €

Nur keine Panik: Rocklegende Udo Lindenberg ist ein echter »Gronaut«.

RHEINE/BENTLAGE

Die Ems-Stadt Rheine (🗺 Karte 3, B 1, 76 000 Ew., 40 km nördlich) verfügt außerhalb der beschaulichen Innenstadt über ein echtes Highlight: Das Naherholungsgebiet Bentlage im Norden von Rheine ist sehr abwechslungsreich.

Saline und Naturzoo

Salz gewinnt man in Bentlage schon seit 1000 Jahren. Großen Aufschwung nahm das Sieden des ›Weißen Goldes‹ Mitte des 18. Jh., als Johann Conrad Schlaun im Auftrag von Fürstbischof Clemens August ein 300 m langes Gradierwerk mit Siedehaus anlegte.
2004 wurden die beiden erhaltenen Teilstücke des Gradierwerks sowie das Siedehaus für Besucher liebevoll wieder hergerichtet.
Im ansehnlichen Dreigiebelhaus ist ein Infozentrum (Salinenstr. 105, T 05971 912 78 94, April–Mitte Okt. Di–Sa 14–18, So 11–18 Uhr, jeden So um 15 Uhr öffentliche Führungen durch den Salinenpark, 3/0 €, s. Verkehrsverein) untergebracht.

Im benachbarten Naturzoo Rheine (Salinenstr. 150, T 05971 16 14 80, www.naturzoo.de, Sommer Mo–Sa 9–18, So 9–19 Uhr, Winter 9 Uhr–Dämmerungsbeginn, 5–9 €) ist die größte Weißstorchkolonie Westfalens beheimatet. Unter anderem auch Berberaffen, Kängurus, Lamas sowie Seehunde lassen sich aus nächster Nähe beobachten.

Kloster Bentlage

1437 gründeten Kreuzherren das Kloster Bentlage, welches bis 1803 Bestand hatte. Heute ist in der herrschaftlichen Anlage mitten im waldreichen Park das hochkarätige Museum Kloster Bentlage (Bentlager Weg 130, T 05971 91 84 68, www.kloster-bentlage.de, Di–Sa 14–18, So 10–18 Uhr, 5/3 €) beheimatet. Besonders beachtenswert sind die sog. Bentlager Reliquiengärten, die um 1500 entstanden sowie im Obergeschoss die ›Westfälische Galerie‹ mit einigen Leihgaben des LWL-Landesmuseums. Zu sehen sind auch Werke von August Macke und Otto Modersohn; mit Café und rustikalen, ruhigen Gästezimmern ohne Internetanschluss und TV.

Infos

Touristeninformation: www.verkehrsver
ein-rheine.de

Nahverkehr: Von Münster fahren
mindestens zweimal stündlich Züge
(ca. 30 Min.), dann weiter mit dem
Bus C12 zum Salinenpark Bentlage. Zu
Fuß sind es vom Bahnhof Rheine durch
die Altstadt und entlang der Ems ca.
3 km.

TECKLENBURG

Kein Ort der Umgebung liegt so roman-
tisch wie die malerische Fachwerkstadt
Tecklenburg (𝄢 Karte 3, C 1, 9000 Ew.,
37 km nördlich): Angeschmiegt an den
bewaldeten Höhenzug des Teutoburger
Waldes bieten die schmucken Gassen
der historischen Siedlung Idylle pur.
Besonders viele Fachwerkhäuser finden
sich in der Ibbenbürener Straße.
Das einstige Burgareal dient den Frei-
lichtspielen (www.buehne-tecklenburg.
de) als Kulisse. Jeden Sommer gibt es
drei Stücke, darunter ein Kinderstück
und ein Musical.
Unterhalb des Burgbergs ist der
historische Marktplatz mit dem

traditionsreichen Café Rabbel klein und
beschaulich. Sehr malerisch ist die 1577
erbaute Fachwerk-Legge, wo früher die
Tuchhändler ihre Waren prüfen lassen
konnten.
Gleich nebenan öffnete 2015 das hervorragende **Otto Modersohn Museum
Tecklenburg** (Markt 9, T 05482 92 62
160, www.ommt.de, April–Sept. Di–So
11–18, sonst Fr 14.30–18, Sa/So 11–18
Uhr, 5/3 €). Der später in Worpswede
bekannt gewordene Maler besuchte
Tecklenburg bis 1892 aufgrund familiärer
Bindungen mehrfach. Er war vom Reiz der
Fachwerkstadt ganz angetan. »Stumm
vor Entzücken« sei er. Modersohn
(1865–1943) hatte seit 1874 in Münster
gelebt und fand dort wie dann auch in
Tecklenburg wichtige Motive für seine
künstlerische Entwicklung, die ihn in
Worpswede zum Mitbegründer der berühmten Künstlerkolonie werden ließen.

Infos

Touristeninformation: www.tecklen
burg-touristik.de

Nahverkehr: Stündl. per Bahn von
Münster nach Lengerich, dann Umstieg
in den Bus R45 nach Tecklenburg (ca.
50 Min.); Mai–Sept.

Wiederaufgebautes Herzstück im Salinenpark Bentlage: das imposante Gradierwerk

Westfälische Ruhe

Münster ist im Übernachtungssektor sehr gut aufgestellt. Es gibt viele Qualitätshäuser mit drei und vier Sternen, die entweder verkehrsgünstig zentral oder schön im Grünen liegen. Pensionen und B&Bs gibt es weniger, dafür zusätzlich ein komfortables Jugendgästehaus sowie zwei nette Hostels. Am Stadtrand locken zudem auch komfortable Landgasthöfe.

Trotz des großen Zimmerangebots sollte vor allem an Wochenenden rechtzeitig gebucht werden. Im Hostelbereich ist zudem der Semesteranfang im Herbst und im April Hochsaison.

Wer in Münster übernachten möchte, sollte im Vier-Sterne-Sektor mit etwa 100–200 € pro Nacht im Doppelzimmer kalkulieren, wobei einige Häuser das Frühstück zusätzlich berechnen. Im Drei-Sterne-Bereich ist mit 75–150 € inkl. Frühstück zu rechnen. Oft variieren die Preise je nach Auslastung. Für Ferienwohnungen sind bei zwei Personen 50–80 € fällig (ohne Frühstück). Bei einem Kurzaufenthalt von ein bis zwei Nächten sind für manche Ferienwohnungen Zuschläge fällig. In den Hostels schlafen Einzelgäste in Mehrbettzimmern ab 17 €, DZ gibt es ab 50 € (ohne Frühstück). Die hier angegebenen Preise beziehen sich – falls nicht anders vermerkt – auf DZ mit Frühstück. Seit 2016 kassiert Münster pro Übernachtung eine kommunale Beherbergungssteuer von 4,5 %.

Für Radfahrer gilt: Nur wenige Hotels bieten eigene Leihräder an.

ZUM SELBST ENTDECKEN

Rund um den Hauptbahnhof und in der Altstadt finden sich die meisten Unterkünfte, aber auch am Stadtrand gibt es einige.

Im **Budgetbereich** stehen in Münster in zentraler Lage z. B. Häuser von IBIS (www.ibishotel.com) und B&B Hotels (www.hotelbb.de) zur Verfügung. Im Vier-Sterne-Bereich gibt es u. a. Filialen von Mövenpick (www.moevenpick-hotels.com) und H4 Hotels (www.h-hotels.com).

Zimmervermittlung

Münster Information: Heinrich-Brüning-Str. 9, T 0251 492 27 26, www.tourismus.muenster.de, Mo–Fr 10–18, Sa 10–13 Uhr. Der Buchungsservice ist kostenlos. Sa 13–16, So 10–16 Uhr Buchungsservice im historischen Rathaus am Prinzipalmarkt.

Günstig schlafen in der Sleep Station

Mehr Budgethotel als JH
DJH-JugendGästehaus Aasee

Karte 2, D 5

Das komfortable Jugendgästehaus ist dank seiner Lage am Aasee eine sehr gute Adresse für den Münsterbesuch. Die 230 Betten sind auf Vier-Bett- und Doppel-Zimmer verteilt, von denen einige hotelmäßig mit Fernseher und Kühlschrank ausgerüstet und einige barrierefrei sind (das Haus wird 2019 ausgebaut). Ein weiterer Pluspunkt ist das hervorragende Frühstücksbuffet, das es sonntags als Brunch bis 13 Uhr gibt. Voraussetzung für die Übernachung ist eine DJH-Mitgliedschaft.

Bismarckallee 31, T 0251 53 02 80, www. djh-wl.de/muenster, Bus 2, 10 Jugendgästehaus Aasee, Bett ab 33,70 €, DZ ab 76,60 € (inkl. Frühstück)

Hostelling 2.0
H.ostel Münster   Karte 2, F 4

Ende 2018 öffnete Münsters neuestes Hostel seine Pforten mitten in der Altstadt am südlichen Ende der Fußgängerzone. Das Angebot reicht vom Doppelzimmer bis zum 10er-Schlafsaal, und alles ist topmodern eingerichtet. Einige Zimmer haben eigenes Bad, die Preise variieren stark je nach Nachfrage. Einziges kleines Manko: Es gibt keine Küche, sondern nur eine kleine Bar in der Lobby.

Verspoel 1/Ecke Ludgeristraße, T 0251 59 09 32 69, www.h-hotels.com, Bus Ludgeriplatz, Königsstraße, Bett ab ca. 18 €, DZ ab ca. 80 € (kein Frühstück)

Hostel pur
Sleep Station   Karte 2, G 4

In Sichtweite des Hauptbahnhofs ist die Sleep Station schnell zu erreichen. In dem privat geführten Haus erwartet Sie eine freundliche Atmosphäre, gut gepflegte Zimmer (auch Frauenzimmer), ein Terrassenbalkon und selbstverständlich kostenloses WLAN. In der Gästeküche stehen Tee und Kaffee zur Verfügung, sogar eine Waschmaschine ist vorhanden. Das Umfeld ist zwar verkehrsreich, aber in die City sind es nur wenige Meter.

Wolbecker Str. 1, T 0251 482 81 55, www. sleep-station.de, Bus Hauptbahnhof, Servatiiplatz, Bett ab 17 €, DZ 50–54 € (ohne/mit Bad; ohne Frühstück), Bettwäsche 3 €/Pers.

Wohnen im Grünen
conRad. das Gästehaus

Karte außerhalb C 1

Auf der Rückseite des ehemaligen Missionsklosters Haus Wilkinghege (heute Pflegeheim) liegt das Gästehaus in sehr ruhiger Lage rund 4 km nordwestlich des Zentrums. Im Haus gibt es wie in einer großen Wohnung sieben moderne Zimmer, die sich Bad/WC teilen. Neben einer Selbstversorgerküche gibt es auch ein schönes Gemeinschaftszimmer sowie eine Ferienwohnung. Mit diesem Konzept füllt das conRad eine echte Marktlücke in Münster.

Wilkinghege 57, T 0251 39 59 41 05, www. conrad-dasgaestehaus.de, Bus 9 Wilkinghege, DZ 84 €

B&B am Prozessionsweg
Barbaras Bed and Breakfast   J 3

Aus ihrer Irland-Zeit hat Barbara Lorke den Wunsch mitgebracht, ein B&B zu eröffnen. Im Osten Münsters bietet sie in Kanalnähe fünf Zimmer – vom schicken DZ ›New York‹ bis zum Herbergszimmer mit zwei Doppelstockbetten, z. T. mit Dachschräge. Frühstück gibt es gegen Aufpreis an einem großen Gemeinschaftstisch. Für Radler gibt es einen Radkeller, aber auch Leihräder (6 €). Die Bushaltestelle ist vor der Haustür – eine sehr freundliche Unterkunft.

Zum Guten Hirten 25, T 0251 39 72 85 63, www.barbarasbedandbreakfast.de, Bus 14 Zum Guten Hirten, DZ 68 €, Herbergszimmer für 4 Pers. 28 €/Pers., Frühstück 8,50 €/Pers.

Gut behütet
Haus vom Guten Hirten   J 3

Etwa 2 km östlich des Stadtzentrums, direkt am Prozessionsweg und in der Nähe von Barbaras B&B (s. oben), bietet das Ordenshaus vom Guten Hirten solide Unterkunft. Radfahrer sind hier gerne willkommen, da sich das Haus unmittelbar an der vielbefahrenen Strecke von/nach Telgte und zum ›Werse Rad Weg‹ befindet. Als Integrationshaus ist

In fremden Betten

Sieben Kilometer vom Zentrum entfernt und Romantik pur: Hof zur Linde

man auch auf Menschen mit Handicap gut eingestellt.

Mauritz-Lindenweg 61, T 0251 378 70, www.hotel-guter-hirte.de, Bus 14 Mauritz-Friedhof, DZ ab 95 €

Ruhig und zweckmäßig
Johanniter Gästehaus 🏠 E 7

2 km südlich des Stadtzentrums sind die 142 Zimmer der Johanniter Akademie in einem ruhigen Wohngebiet des Geistviertels eine sehr gute Wahl, wenn man ruhig wohnen möchte und mit dem Drahtesel unterwegs ist. Praktischerweise vermieten die Johanniter auch selbst Räder.

Weißenburgstr. 60–64, T 0251 97 23 01 45, www.johanniter.de/gaestehaus-muenster, Bus 4 Hl.-Geist-Kirche, DZ ab 99 €

In Bahnhofsnähe
Hotel Garni Horstmann 🏠 Karte 2, F 4

An der Fußgängerzone zwischen Hauptbahnhof und City könnte die Lage des Hotels für den »preisbewussten Gast«

(so die Eigenwerbung) wirklich nicht besser sein. Die Zimmer sind solide eingerichtet, und auch Räder können untergestellt werden. Das Preis-Leistungs-Verhältnis stimmt.

Windthorststr. 12, T 0251 41 70 40, www.hotel-horstmann.de, Bus Hauptbahnhof, DZ ab 82 €

Am Kiepenkerl
Hotel Busche am Dom 🏠 Karte 2, E/F 3

Am Durchgang zwischen Kiepenkerl und Domplatz bietet das Hotel oberhalb der Butterhandlung Holstein 13 gepflegte Zimmer. Sehr schön ist die kleine Terrasse im ersten Stock, wo sich auch die Rezeption befindet. Aufgrund der Altstadtlage gibt es keine eigenen Autoparkplätze, und es können nur einige wenige Räder untergestellt werden. Dafür können Sie zentraler in Münster kaum wohnen.

Bogenstr. 10 (Horsteberg), T 0251 464 44, www.hotel-busche.de, Bus Spiekerhof, Tibusstraße, DZ 105–139 €

Zwischen Zentrum und Aasee
Stadthotel Münster 🏠 Karte 2, E 4
Das Stadthotel ist ein modernes City-hotel mit einer großen Bandbreite an Zimmern. Wirklich günstig sind aber nur die kleinen Zimmer, die auch als Einzel-zimmer vermietet werden. Praktisch sind die eigene Tiefgarage und vor allem auch die günstige Lage zwischen dem Zentrum und dem nahen Aasee.
Aegidiistr. 21, T 0251 481 20, www.stadthotel-muenster.de, Bus 2, 4, 10, 14 Schützenstraße, DZ ab 85 € (Frühstück 16 €/Pers.)

Hotel am Aasee mit Gästehaus
Seezeit 🏠 D 5
Unmittelbar am Aasee befindet sich das Hotel Seezeit in einem ehemaligen Studentenwohnheim. Während die Ho-telzimmer modernen Schick verbreiten, sind die 13 günstigen Zimmer im Gäste-haus ein echter Deal. Für sie gibt es ein entsprechendes Etagen-WC. Zusätzlich bieten die Betreiber Studentenrabatte an. Das Frühstück wird im Bistro-Res-taurant Relax serviert, das sich im Haus befindet und über eine schöne Terrasse zum See hin verfügt.
Bismarckallee 47, T 0251 48 42 68 88, www. seehotel-muenster.de, Bus 2, 10 Offenberg-straße, DZ 130–170 €/ÜF (Gästehaus DZ 59 €, Frühstück 12,80 €/Pers.)

Wellness und Gourmetküche
Hotel Kaiserhof 🏠 Karte 2, F 4
Direkt gegenüber vom Hauptbahnhof Hauptbahnhof leiten seit 2015 Anja und Kay Fenneberg dieses traditions-reiche Viersterne-Superior-Hotel. Der 125 Jahre alte Kaiserhof geht mit den Zeiten und genügt allen Ansprüchen. Im hauseigenen Restaurant ›Gabriel's‹ wird gehobene Küche serviert. Das zusätzliche Sterne-Restaurant von Spit-zenkoch André Skupin wurde zwar 2018 geschlossen, dafür können auch externe Gäste zum ausgiebigen Frühstücksbüffet kommen. Das Hotel verfügt zudem über einen anspruchsvollen Wellnessbereich (ebenfalls offen für Nicht-Gäste).
Bahnhofstr. 14, T 0251 417 80, www.kaiser hof-muenster.de, Bus Hauptbahnhof, DZ ab ca. 100 € (Frühstück 18,50 €/Pers.)

Ausflugsgaststätte am Fluss
Landgasthof Pleister Mühle
🏠 außerhalb K 2
Wer in romantischer Lage am Fluss Werse wohnen will und sich für seinen Stadtbesuch gerne aufs eigene Rad schwingt, der ist in dem freundlichen Landgasthof sehr gut aufgehoben. Von der Pleistermühle sind es gut 6 km ins Stadtzentrum. Vor Ort stehen ein gutes Restaurant, ein überaus populärer Bier-garten, ein Kanuverleih und viel frische Luft zur Verfügung (► S. 67).
Pleistermühlenweg 196, T 0251 13 67 60, www.pleistermuehle.de, kein Nahverkehr, DZ 110 €/ÜF

Idylle mit Park
Romantikhotel Hof zur Linde
🏠 außerhalb K 2
Das Vier-Sterne-Superior-Anwesen ist aus einem ehemaligen Bauern-hof im nordöstlichen Vorort Handorf hervorgegangen. Heute gehört der sehr fesch und stilvoll ausgebaute Hof zur Linde zu den besten Adressen Münsters: Die Fachwerkhäuser verströmen viel Charme, der Werse-Park ist wunderbar entspannend, es gibt eine Sauna und einen Fitnessraum sowie für Hotelgäste einen Fahrradverleih. Qualität wird auch im gehobenen Restaurant groß geschrieben. Auch die Auswahl an französischen und deutschen Weinen ist groß. Ins Stadtzentrum sind es 7 km.
Handorfer Werseufer 1, T 0251 327 50, www. hof-zur-linde.de, Bus 2, 4, 10 Kirschgarten, DZ ab 135 €

Am Moor
Hotel-Restaurant Venner Moor
🏠 außerhalb C 8
Sympathischer Landgasthof am Natur-schutzgebiet Venner Moor (► S. 78) mit sieben Zimmern, westfälischem Café-Restaurant und Biergarten, 13 km südwestlich von Münster. Hier lässt sich frische Landluft schnuppern – ideal, wenn Sie nicht in der Stadt wohnen möchten und gerne Rad fahren.
Venne 3, 48308 Senden, T 02598 409, www. venner-moor.de, Bus 7/R41, So Taxibus T 541 Venner Kirche, DZ ab 90 €

Von Westfalen in die Welt

Gastronomisch hat Münster aufgrund seiner recht unterschiedlichen Milieus sehr viel zu bieten: So finden sich in der Innenstadt zahlreiche Traditionslokale, die typisch westfälische Spezialitäten auf den Tisch bringen. Die regionale Küche erlebt wieder Hochkonjunktur und ist qualitativ sehr gut. Und natürlich gibt es hervorragende Restaurants mit Spezialitäten aus aller Welt sowie echte Gourmet-Tempel.

ZUM SELBST ENTDECKEN

Die Restaurants liegen in Münster zwar durchaus verstreut, es gibt aber einige Schwerpunkte. Im Kiepenkerlviertel und am Prinzipalmarkt finden sich einige Traditionslokale, im Kuhviertel sind rustikale Bierstuben und quirlige Studentenkneipen angesagt, während sich am Hafen gerne die Szene trifft. Weitere Schwerpunkte sind die Gegend um den Erbdrostenhof, das Martiniviertel sowie der Aasee. Auch in den innenstadtnahen Bereichen der Hammer Straße, Wolbecker Straße und Warendorfer Straße liegen mehrere Cafés und Bistros.

Vor allem durch die Studentenszene ist das Gastro-Angebot im Lauf der Zeit viel weltoffener, internationaler und moderner geworden. Hier haben sich gastronomische Parallelwelten mit reichlich Auswahl entwickelt. Auch in Münster sind z. B. Tapas-Bars im Trend, der Café-Sektor boomt und leckere vegetarische und vegane (Bio-)Gerichte finden sich auf vielen Speisezetteln.

Die Restaurants sind im Allgemeinen von 11.30–23/24 Uhr geöffnet. Manche Lokale schließen nachmittags und/oder am Sonntag. Einige gehobene Restaurants öffnen nur abends, Cafés auch schon morgens.

Preislich gesehen liegen die Restaurants in Münster weit auseinander: In der Studentenszene kann man für 3–7 € zu Mittag essen, Cafés und Bistros liegen zumeist bei ca. 6–13 €, in der Mittelklasse sind rund 10–20 € angesagt, während im Gourmet-Bereich auch das Doppelte für ein Hauptgericht anfallen kann.

Pillewoermer sind zum Glück nicht etwa Regenwürmer, sondern Schinkenstreifen.

SO BEGINNT EIN GUTER TAG IN MÜNSTER

Croissant is in the air
Café Montmartre
🚌 G 4

Morgens liegt der Duft von knusprigen Croissants und Baguettes in der Luft – das nette Montmartre hinter den hohen Fenstern ist dann meist gut gefüllt, und das nicht nur von Studis. Zu den süßen und herzhaften Frühstücksangeboten gibt es auch Zeitungen und bequeme Sofas. So gelingt Ihnen ein idealer Start in den Tag.

Wolbecker Str. 30, T 0251 674 25 95, www.cafe-montmartre.de, Bus 11, 14, 22, R 22/32 Sternstraße, tgl. 8–20 Uhr

Sehen und gesehen werden
Café & Bar Celona 🚌 Karte 2, F 3

An der platzartigen Shoppingmeile Stubengasse sitzt man in dem modernen Bistro gemütlich auf zwei Ebenen, sowohl vorne wie hinten gibt es eine Terrasse. Morgens beginnt der Tag mit einem netten Frühstücksbuffet (7,95 €, So Schlemmerbuffet 12,95 €), mittags gibt es Mo–Fr ebenfalls Buffet (7,50 €). Und da das Celona bis in die Nacht geöffnet hat, lässt sich der Tag mit einem kühlen Cocktail so entspannt beenden, wie er begonnen hat.

Stubengasse 17, T 0251 48 44 94 07, www.cafe-bar-celona.de, Bus Raphaelsklinik, So–Do 9–1, Fr–Sa 9–2 Uhr

Printmedien zum Kaffee
Café Extrablatt Aegidiimarkt
🚌 Karte 2, F 3

Auch diese Filiale der Extrablatt-Kette direkt gegenüber vom südlichen Eingang zum LWL-Landesmuseum bietet jeden Morgen in gemütlicher Bistro-Atmosphäre Frühstücksbuffet (Mo–Sa 8,45 €, So 10,95 €). Dazu liegt eine große Auswahl an Tageszeitungen aus. Ansonsten gibt es tagsüber Bistrogerichte, und am Abend stehen dann Cocktails im Vordergrund; eine weitere Filiale finden Sie in der Königsstraße.

Aegidiimarkt 1, T 0251 265 53 74, www.cafe-extrablatt.com, Bus Aegidiimarkt/LWL-Museum, Mo–Sa 9–1, So 9.30–1 Uhr

Sympathisches Eck-Café
Kaffeegiesserei 🚌 G 5

Ein helles Eck-Café im Hansaviertel – am Zugang zum Hafen – mit Frühstück und kleinen Gourmet-Happen. Neben Baguettes der nahen Vollwert-Bäckerei Cibaria gibt es Leckeres aus der Hafenkäserei (▸ S. 64), vom Biohof Büning und Kuchen aus der Konditorei Issel. Hier wird auf Qualität Wert gelegt.

Hansaring 14, T 0251 96 19 24 00, www.kaffeegiesserei.de, Bus 6, 8, 17, 33, 34 Hansaring, Mo–Fr 9–18, Sa/So 10–18 Uhr

Wie bei Oma
Teilchen & Beschleuniger
🚌 G 4

Dieses urgemütliche Retro-Café östlich des Hauptbahnhofs hat in Münster die 1950er-Welle losgetreten. Leckeres Frühstück und selbstgebackene Kuchen (›Teilchen‹) sowie die aromatische roestbar-Kaffeemischung mit dem Namen ›Beschleuniger‹ sind weiterhin die tragenden Säulen des stimmigen Konzepts.

Wolbecker Str. 55, T 0251 39 50 57 86, www.teilchenundbeschleuniger.de, Bus 11, 14, 22, R 22/32 Sternstraße, Mo–Fr 8.30–23, Sa 9–23, So 10–23 Uhr

---

BRUNCHEN AM WOCHENENDE

Während unter der Woche die ›Extrablatt‹-Filialen und die Bar Celona ein gutes Frühstücksbuffet anbieten, geht es am Wochenende opulenter zu, und es gibt in der Stadt mehr Angebote. Nette Alternativen sind dann z. B. am Aasee das **A2** und das **Hier und Jetzt** (▸ S. 54), die **Pleister Mühle** (▸ S. 67) sowie die ökologisch orientierten Cafés **Garbo** und **Prütt** (▸ S. 94). Das **Gabriel's** im Kaiserhof (▸ S. 91) ist eine gehobene Alternative.

GÜNSTIGE MITTAGSPAUSE

Nicht nur die Unimensen, sondern auch viele Studentencafés und Restaurants bieten günstigen Mittagstisch an. Manche Lokale sind sogar nur mittags geöffnet, wie z. B. die Fischbrathalle. Besonders beliebt ist es, auf dem Domplatz mittwochs und samstags auf dem Wochenmarkt sowie freitags auf dem Biomarkt einen Mittagsimbiss einzunehmen. Hier finden Sie zwei weitere gute und günstige Angebote:

Salate und Tagesgerichte
Cafeteria Weltbühne 🍷 Karte 2, E 2
Ein sympathisches kleines Café in der Evangelischen Studierendengemeinde. Auf dem Speiseplan stehen einige wenige Salate, Eintopfgerichte sowie je ein vegetarisches Tagesgericht und eines mit Fleisch – und es gibt kostenlosen Nachschlag (»all you can eat«). Viele Zutaten sind bio und fair gehandelt; den Espresso gibt es anschließend im schönen Wintergarten.
Breul 43, T 0251 48 32 22, www.esgmuenster.de, Bus Tibusstraße, Kreuzschanze, Mo–Fr 9–15 Uhr, Speisen 3–3,50 €

Persische Gastfreundlichkeit
Shadi 🍷 E 5
In dem kleinen, von außen unscheinbaren Schnellrestaurant wird exzellente persische und mediterrane Küche serviert. Dabei gibt es auch leckere vegetarische und vegane Spezialitäten. Majid Kazemloo führt das Shadi mit viel Elan und Wärme – den persischen Tee gibt es gratis dabei. Kein Wunder, dass es hier mittags immer voll ist.
Hammer Str. 29, T 0251 530 39 33, Bus 1, 9 Goebenstraße, März–Okt. Mo–Fr 12–22, Speisen 5–9,50 €

WO ESSEN AUF NACHHALTIGKEIT TRIFFT

Veganes Bistro
BUCKS – vegan frengeln 🍷 H 4
Alexandra Friedrich und Tobias Buck servieren in ihrem kleinen Eckbistro moderne, rein vegane Küche. Im Angebot stehen im wöchentlichen Wechsel jeweils zwei Vorspeisen, Hauptgerichte und Desserts sowie selbstgemachter Kuchen. Da im angrenzenden Viertel ›Klein Muffi‹ einst Masematte gesprochen wurde, hat das sympathische Paar diese Tradition im Namen aufgegriffen: ›Frengeln‹ bedeutet essen. Und um im Bild zu bleiben: Bistro und Küche sind ›jovel‹.
Wolbecker Str. 128, T 0251 39 58 85 24, www.bucks-vegan.de, Bus 11, 22, R 22/32 Liboristraße, Mi–So 15–23 Uhr, Hauptgerichte ca. 12–13 €

Gemütliches Kino-Café
Café Garbo 🍷 G 3
Das Garbo am Programmkino Cinema ist zwar kein rein vegetarisches Café, es gibt aber eine große Auswahl an fair gehandelten und ökologischen Produkten, darunter Biobrot von Cibaria

Außen modern, innen voll retro: das angesagte Teilchen & Beschleuniger

sowie Bio-Limonaden und -Weine. Viele Speisen sind vegetarisch oder vegan. Lecker sind unter anderem die Pfannkuchen und die Tagesgerichte, deftig die Bratkartoffeln. Sonntags bietet das nette Szene-Café ein attraktives Frühstücksbuffet an (13,90 €/Pers.).

Warendorfer Str. 47, T 0251 303 09, www. cinema-muenster.de, Bus 2, 10 Zumsandstraße, Mo–Do 10–24, Fr–Sa 10–0.30, So 10–22.30 Uhr, Speisen 4,50–11 €

Urgestein der Café-Szene
Café Malik 🛈 Karte 2, E 3
Das Malik ist ein Oldie der Café-Szene und überzeugt mit einer guten Karte, auf der sich auch eine große Auswahl an veganen Speisen und selbstgemachten veganen Kuchen findet. An den hellen Holztischen und auf der langen Wandbank sitzt es sich gemütlich, zudem gibt es diverse Zeitungen. Auf den Tisch kommen u. a. Nudeln, Salate, Pfannkuchen und Bistro-Gerichte.

Schlossplatz 44, T 0251 442 10, www. cafe-malik.de, Bus Schlossplatz, tgl. 9–1 Uhr, Hauptgerichte 5,50–14,50 €

Vegetarische Institution
Café Prütt 🛈 Karte 2, G 5
Schon seit 1986 ist das gemütliche Café Prütt zwischen Hauptbahnhof und Hafen die erste Anlaufstelle für leckere vegetarische Küche. Der Schwerpunkt liegt dabei auf Vollkorn-Pizza sowie auf Salaten und Falafel. Dazu kommen einige Hauptgerichte und vegane Speisen. Zudem wird auf Bio-Säfte sowie fair gehandelten Bio-Kaffee und -Tee Wert gelegt. Sa/So gibt es Frühstück (auch vegan). Hinten gibt es einen kleinen Gartenbereich.

Bremer Str. 32, T 0251 66 55 88, www. pruett-cafe.de, Bus Hauptbahnhof, Hansaring, Mo–Fr 11.30–23, Sa/So 10–23 Uhr, Speisen 7,50–13 €

Angesagtes veganes Bistro
Krawummel 🛈 Karte 2, F 4
Das sehr populäre und relaxte Bistro am Marienplatz ist komplett vegan. Es setzt auf Falafel, Salate, Burger und Suppen sowie leckere Muffins und Cup-Cakes.

WESTFÄLISCHE SPEZIALITÄTEN

Die Grundlage für Traditionslokale ist die ländlich-westfälische Küche mit eher derber und fleischlastiger Hausmannskost. **Töttchen** wird traditionell aus Kalbszunge sowie Kalbfleisch mit Zwiebeln, Suppengrün, Lorbeerblättern und Nelken in einer Butter-Mehlschwitze serviert. **Pfefferpotthast** hingegen wird mit Roastbeefsträngen oder Querrippen zubereitet. Traditionsreich sind auch **Wurstebrot** bzw. **Leberbrot.** Hier wird Blut mit Wurstbrühe, Schweinefleisch, Speck und Roggenschrot verarbeitet, bei Leberbrot kommt auch noch Leber hinzu.
Das Münsterland ist auch für seinen **Spargel** bekannt, der von Mitte April bis Ende Juni die Speisekarten vieler Restaurants bestimmt. Dazu wird gerne Westfälischer Knochenschinken gereicht, während zum Nachtisch frische Erdbeeren auf den Tisch kommen.
Eine weitere Spezialität ist das Schwarzbrot **Pumpernickel,** das im Münsterland gerne mit Reibekuchen und Apfelmus serviert wird.

Alles wird nach der Bestellung an der Theke frisch zubereitet. Dadurch entsteht mittags allerdings oft eine gewisse Warteschlange. Doch die Geduld wird belohnt. Es gibt auch Tische draußen auf dem Bürgersteig.

Ludgeristr. 62, T 0251 74 78 81 17, www. krawummel.de, Bus Ludgeriplatz, Königsstraße, Mo–Fr 11.30–22, Sa 11–22, So 12–20 Uhr, Hauptgerichte 5–11 €

Nachhaltige Tradtionsküche
Großer Kiepenkerl 🛈 Karte 2, E 3
Das traditionsreiche Restaurant direkt am Kiepenkerl hat sich nachhaltiger westfälischer Küche verschrieben, die auf regionale Zutaten, artgerechte Tierhaltung und nachhaltiges Wirtschaften setzt. So wird das Restaurant von »Slow Food« und »greentable« empfohlen.

Am idyllischen Rosenplatz ist Münsters Traditionsbrauerei angesiedelt.

Neben fleischhaltigen Klassikern wie Münsterländer Töttchen und der ›Jagdschüssel‹ gibt es viel saisonales Gemüse und vegetarische/vegane Alternativen. Familie Helmrich betreibt auch die Butterhandlung Holstein (▶ S. 101) schräg gegenüber.

Spiekerhof 45, T 0251 403 35, www.grosserkiepenkerl.de, Bus 5 Spiekerhof, Bus 5, 15, 16 Tibusstraße, Küche tgl. 12–21.30 Uhr, Hauptgerichte 12–30 €

INSTITUTIONEN UND SZENETREFFS

Ältestes Lokal Münsters
Altes Gasthaus Leve 🍺 Karte 2, F 3
Seit 1607 besteht hier am Alten Steinweg schon ein Lokal. In der zünftig mit Delfter Kacheln eingerichteten Traditionsgaststätte im passenden Stile einer Münsterschen Altbierschenke steht die deftige westfälische Küche im Vordergrund. Es gibt aber auch vegetarische Gerichte und in der Saison Spargel. Ausgeschenkt wird u. a. Pinkus-Bier – Leve ist Kult.

Alter Steinweg 37, T 0251 455 95, www.gasthaus-leve.de, Bus Eisenbahnstraße, Mo–Sa 12–24 Uhr, Hauptgerichte 9–31 €

Uriges Fachwerkhaus
Drübbelken 🍺 Karte 2, E 2
Eine der stimmungsvollsten Gaststätten Münsters liegt in einer Seitengasse im Kuhviertel. Das Fachwerk wurde allerdings erst nach einem Brand in den 1960er-Jahren ›importiert‹. Im Obergeschoss wurde ein ›Kleiner Friedenssaal‹ nachgebaut. Die breit gefächerte Speisekarte hat einen westfälischen Einschlag und passt zur rustikalen Einrichtung.

Buddenstr. 14–15, T 0251 42 115, www.druebbelken.de, Bus Kuhviertel, Münzstraße, Mo–Fr 11.30–14.30, 17.30–24, Sa/So 11.30–24 Uhr, Hauptgerichte 9–27 €

Spanische Tapas-Kneipe
el bodegón 🍺 G 3
Dunkles Holz und Kerzenschimmer sorgen beim Verspeisen der kalten und warmen Tapas-Spezialitäten für ein sehr angenehmes Ambiente. Auf der Karte stehen auch einige wenige Hauptgerichte. Das el bodegón ist mit seinem stimmigen Konzept an der Warendorfer Straße quasi ein Urgestein – abends besser reservieren. Günstige Mittagsangebote.

Warendorfer Str. 43, T 0251 39 44 396, www.el-bodegon.de, Bus 2, 10 Zumsandestraße, tgl. 11–24 Uhr, Tapas/Hauptgerichte 4–20 €

Fisch satt

Fischbrathalle 🟣 Karte 2, E 2

Die schlicht aufgemachte Fischbrathalle besteht in Münster seit 1926 und ist eine Institution. Hier wird mittags leckerer Fisch in großen Portionen ohne viel Schnickschnack serviert. Das kommt gut an bei den Gästen, daher ist das Lokal oftmals komplett voll. Der Fisch kommt gebraten, gebacken oder gekocht auf den Teller. Dazu gibt es auch Muscheln, Heringe und Bouillabaisse. Für Fischfreunde ein Muss!

Schlaunstr. 8, T 0251 431 52, www.fischbrathalle-muenster.de, Bus Kuhviertel, Tibusstraße, Di–Sa 11–15 Uhr, Hauptgerichte 10–17 €

Stilechte Studentenkneipe

Frauenstraße 24 🟣 Karte 2, E 3

Die stilechte linke Szene- und Studentenkneipe ist für ihre großen Portionen herzhafter türkischer Spezialitäten bekannt. Klassiker sind die Pide- und Salat-Variationen, auch die Vorspeisen und die Falafel sind sehr lecker – und das auch für Vegetarier und Veganer. In den 1970er-Jahren war das schön renovierte Haus besetzt, seither sorgt ›die Frauenstraße‹ mittags und abends für gute Stimmung. Montags bis freitags gibt es von 12 bis 16 Uhr einen günstigen Mittagstisch. Abends besser reservieren.

Frauenstr. 24, T 0251 482 87 39, www.f24-kultur.de, Bus Schlossplatz, Mo–Sa 12–1, So 12–22 Uhr, Hauptgerichte 5–17 €

Leckeres im Südviertel

Litfass 🟣 E 6

Das Litfass am Südpark ist vom Ambiente eine gemütliche Kneipe mit kleinem Hofgarten, doch im Mittelpunkt steht die leckere Küche. Die großen Salate, Nudel- und Pfannengerichte werden durch einige Specials ergänzt. Dazu kommt eine gute Weinauswahl. Westfälisch ist am Reibekuchen-Montag die Variante mit Apfelmus und Schwarzbrot; unbedingt reservieren.

Dahlweg 10, T 0251 77 53 71, www.litfass-muenster.de, Bus 1, 9 St.-Joseph-Kirche, Mo–Sa 17–24, So 10–13, 16.30–24 Uhr, Hauptgerichte 8,50–18,50 €, So auch Brunch (14,80 €)

Traditionsreiche Brauerei-Gaststätte

Pinkus Müller Altbierküche

🟣 Karte 2, E 2

Pinkus Müller ist in Münster ein feststehender Begriff, denn die Familie braut bereits seit 200 Jahren im Kuhviertel auf Bio-Standard. Die Altbierküche ist eine sehr rustikale Traditionsgaststätte mit deftiger westfälischer Küche, darunter Töttchen, Blutwurst, Pfefferpotthast, aber auch Flammkuchen und diverse Käsesorten. Dazu fließt reichlich Pinkus-Bier – nebenan öffnet abends die Biergalerie.

Kreuzstr. 7–10, T 0251 555 67, www.pinkus.de, Bus Kuhviertel, Münzstraße, Mo–Sa 12–24 Uhr, Hauptgerichte 7,50–28,50 €

Mediterrane Spezialitäten

Wolters I und II 🟣 E 5

Das Wolters im Südviertel empfängt seine Gäste mit einer freundlichen Bistro-Atmosphäre hinter hohen Fenstern. Die leckeren mediterranen Gerichte sind immer frisch und ansprechend. Dazu gibt es einige gute Weine; am Wochenende besser reservieren. Im äußersten Zipfel des Stadthafens bietet das ›Wolters II‹ im Speicher die maritimste Sommerterrasse im Hafen mit ebenfalls mediterranen Spezialitäten, aber anderer Karte – abends sehr angenehm, aber leider kein Zugang über den Hafenkai.

Wolters I: Hammer Str. 37, T 0251 52 44 08, www.wolters-gastronomie.de, Bus 1, 9 Goebenstraße, tgl. 18–24 Uhr, Hauptgerichte 6,50–14,50 €; Wolters II: Hafenweg 46–48, T 0251 674 33 10, www.wolters-imspeicher.de, Bus 11, 14, 22, R 22/32, 33/34 Hansa-Berufskolleg, Di–Sa ab 17, So ab 14 Uhr, Hauptgerichte 10–20 €

···

EXPERIMENTIERFREUDIG UND UNGEWÖHNLICH

···

Feinste Kuchentheke

Konditorei-Café Issel 🟣 E 5

Die Konditorei Issel an der Hammer Straße ist seit langem für ihre kreativen und ungewöhnlichen Kuchenkreationen bekannt. Schon der Blick in die Theke macht süchtig. Vor Ort angeboten werden auch hausgemachte Pralinen,

Feinschmecker-Schokolade sowie veganer Kuchen. Dau gibt es ein kleines modernes Café.

Hammer Str. 44, T 0251 52 33 52, www.cafe-issel.de, Bus 1, 9 Goebenstraße, St.-Joseph-Kirche, Di–Fr 9–18, Sa 9–17, So 11–17.30 Uhr

Bonjour Frankreich!
Crêperie du Ciel Karte 2, F 3

An der Clemenskirche kommen in dem sympathischen Lokal bretonische Galettes, Crêpes sowie Quiches auf den Tisch. Die Kreationen sind einfallsreich und das Ambiente gehoben-freundlich. Ein Tipp ist freitagabends das leckere bretonische Buffet (27,50 €), sonntags der bretonische Brunch (10–14 Uhr, 23,50 €). Zudem gibt es regelmäßig Konzerte – insgesamt ein sehr überzeugendes Konzept.

Maria-Euthymia-Platz 7–9, T 0251 482 99 15, www.creperie-muenster.de, Bus Raphaelsklinik, Klemensstraße, Di–Fr 12–14.15, 17–21.30, Sa 11–22, So 10–18 Uhr, Hauptgerichte 7–22 €

Libanesisch und Bauchtanz
Les Cèdres J 2

Das sehr gute libanesische Restaurant serviert leckere Spezialitäten, darunter Hummus und Tabouleh. Wer möglichst viel probieren möchte, sollte sich einen der drei ›Mäsa‹-Teller mit vielen kleinen Vorspeisen bestellen (um 21 €, eine vegetarische Variante). Im Sommer gibt es hinten einen schönen Biergarten. Im Winter oft samstags ab 21 Uhr Bauchtanz (vorher nachfragen und reservieren).

Warendorfer Str. 161, T 0251 922 66 29, www.lescedres.de, Bus 2, 10 Dechaneistraße, tgl. 17.30–24 Uhr, Hauptgerichte 17–21 €

Griechische Oase
Ouzeri Karte 2, F 3

Diese freundliche kleine griechische Taverne ist mit weißen Wänden und dunklen Holztischen schlicht und gemütlich eingerichtet. Die Küche spezialisiert sich auf eine sehr leckere Auswahl an Vorspeisen (Mezedes). Dazu kommen

Im April sprießen die weißen Spargel aus dem sandigen Boden rund um Münster. Denn dann ist Spargelzeit. Traditionell reicht man hier westfälischen Schinken dazu.

Lamm- und Fischgerichte; im Sommer lockt ein Biergarten hinter dem Haus.

Mauritzstr. 22, T 0251 28 46 68 87, www.ouzeri-muenster.de, Bus Altstadt/Bült, tgl. 17.30–24 Uhr, Gerichte 4,50–9,50 € (plus Beilagen)

Portugiesisch-spanische Gastfreundschaft
Peniche 🕐 E 7
Wer schmackhafte Tapas in entspannter Atmosphäre genießen möchte, ist bei Paulo Delgado und seiner Frau Ester Sánchez genau richtig. Delgado kommt aus dem portugiesischen Hafenort Peniche, seine Frau steuert die spanischen Rezepte bei. Das sympathische Paar hat das Peniche als Stammadresse im Geistviertel etabliert. Sehr lecker sind der traditionelle Fischeintopf Pequeña Caldeirada oder auch die Puddingtörtchen Pastel de Nata; Fr/Sa auch Paella. Dazu werden Vinho Verde und Sagres-Bier ausgeschenkt – besser reservieren.

Straßburger Weg 5, T 0251 39 48 60 88, Bus 4 Hl.-Geist-Kirche, Bus 1, 9 Metzer Straße, Di–Sa 18–23 Uhr, Tapas 4–9,50 €

Ein munteres Vögelchen
Rotkehlchen 🕐 Karte 2, F 2
Marie Weigand und Nicklas Rausch haben ihr Restaurant mit viel Einsatz zur trendigen Adresse gemacht. Die regelmäßig wechselnden Gerichte auf der kleinen Karte stellen die Kreativität der Küche unter Beweis. Eine Reservierung ist abends ratsam, die Gäste werden konsequent geduzt. Es gibt auch Cocktails.

Wasserstr. 1–3, T 0251 14 10 15 95, www.rotkehlchen-muenster.de, Bus 8, 9 Neubrückentor, Di–Sa 18–24 Uhr, Hauptgerichte 26–29 €

Internationales Gastroprojekt
Salam Kitchen 🕐 G 4
Als »grenzenlose, soziokulinarische Friedensmission« bezeichnen die Macher ihr ungewöhnliches Projekt. Auf den Tisch kommen leckere exotische Spezialitäten von Marokko über Israel und den Iran bis nach Afghanistan, angestellt sind dabei viele Flüchtlinge, sodass sich ein sehr

internationales Flair ergibt – freundlich, schmackhaft und einladend!

Wolbecker Str. 64, T 0251 62 85 39 39, https://salamkitchen.de, Bus 11, 14, 22, R 22/32 Sternstraße, Di–Fr 12–14.30, Di–So 17–22 Uhr, Hauptgerichte 6,50–19,50 €

Waffeln statt Waffen
Waffelschmiede 🕐 Karte 2, E 3
Innovatives und stimmiges Konzept mit (sehr) süßen, aber auch herzhaften Waffelkreationen aus Vollkornteig. Sogar vegane Waffeln mit Soja-Reismilch stehen im Angebot. Der studentisch angehauchte Laden im hinteren Teil des Aegidiimarkts steht hoch im Kurs.

Aegidiimarkt 3, T 01577 447 35 24, Bus Aegidiimarkt/LWL-Museum, tgl. 11–21 Uhr, Waffeln 3,50–7 €

SPARGELHÖFE

Von Mitte April bis Ende Juni steht in Münster gastronomisch alles im Zeichen des Spargels. Wer die weißen Stangen gleich auf dem Hof probieren und/oder erwerben möchte, hat dazu im Norden der Stadt zwei gute Möglichkeiten: In Gelmer bietet der Hof **Lütke-Laxen** ›Spargel satt‹ für 15,50 € an. Fleischbeilagen zahlt man hier extra (Karte außerhalb J 1, Gittruper Str. 43, T 0251 32 98 20, www.luetke-laxen.de, Bus 4 Gelmer, Spargelessen Fr–So 11.30–20 Uhr).

2 km weiter in Gittrup bietet Hof **Bäcker** in einem ›Schlemmerzelt‹ ebenfalls ein Spargelbuffet an. Für 21,90 € sind Salate und Fleischbeilagen schon inklusive (🕮 außerhalb J 1, Gittrup 5, T 0251 32 43 72, www.spargel-baecker.de, kein Bus, Spargelessen Fr 18–20, Sa/So 11.30–14.45, 17–20 Uhr).

Verbinden Sie das Spargelessen bequem mit einer Radtour in die Rieselfelder: Von der Biologischen Station fahren Sie die Straße Coermühle weiter bis zum Ende. Lütke-Laxen liegt rechts hinter der Kanalbrücke in Gelmer, Bäcker links in Gittrup.

ZUM SELBST ENTDECKEN

Shoppen mit Stil

Die Innenstadt von Münster ist die wichtigste Shoppingadresse für das ganze Münsterland. Vor allem samstags strömen viele Besucher in die Altstadt. Dementsprechend findet sich ein sehr breites Angebot, das viele Ansprüche abdeckt.

Vom Prinzipalmarkt über die Bogenstraße, den Roggenmarkt und den Spiekerhof säumen zum Teil sehr exklusive Mode- und Schmuckläden die seitlichen Bogengänge und machen diesen Straßenzug zu einer der teuersten Shoppingmeilen in Nordrhein-Westfalen. Aber natürlich finden sich auch zahlreiche kleine Fachgeschäfte und große Kaufhäuser.

Die bunten Wochenmärkte auf dem Domplatz und der Flohmarkt auf der Promenade sind über die Jahre selbst zu Touristenattraktionen geworden. Ein Bummel über den Wochenmarkt vermittelt viel vom Lebensgefühl in Münster, und der Flohmarkt ist ein Paradies für Schnäppchenjäger. Ergänzt wird das Angebot durch kleine Wochenmärkte in den Stadtvierteln sowie durch einen Bio-Bauernmarkt auf dem Domplatz.

Ab Ende November verwandelt sich die Stadt in eine stimmungsvolle Bühne für die bunten Weihnachtsmärkte, die aus dem gesamten Umland und sogar den benachbarten Niederlanden Gäste anlocken. Die Märkte sind auf mehrere Plätze der Altstadt verteilt und lassen so die schönsten Plätze richtig zur Geltung kommen. Überhaupt lädt die Altstadt zu jeder Jahreszeit zum entspannten Shoppingbummel ein.

Vom Prinzipalmarkt aus durchziehen zwei Fußgängerzonen die Altstadt: Die **Salzstraße** verläuft nach Osten und die **Ludgeristraße** nach Süden. Hier findet sich kleine Fachgeschäfte, große Marken-Kaufhäuser und trendige Mode- und Telekommunikationsläden. Die Cityprojekte **Münster Arkaden, Stubengasse** und **Hanse-Carré** haben den Shoppingbereich der Altstadt noch attraktiver gemacht. Eher kleinere Fachgeschäfte finden sich auch entlang der innenstadtnahen Bereiche der Hammer Straße, Wolbecker Straße und Warendorfer Straße.

Einfach erfrischend: Wochenmarkt auf dem Domplatz

DELIKATESSEN UND LEBENSMITTEL

Feinkost à la carte
Butterhandlung Holstein 🅰 Karte 2, F 3
Wer exquisite Zutaten für ein Picknick oder eine Festlichkeit sucht, geht zu Holstein. Familie Helmrich ist für feine Gourmetkost bekannt. Die FAZ nannte die Butterhandlung »stilbildend«. Feilgeboten werden u. a. Salate, Wildlachs, Schinken, Käse, Wein und Beilagen. Hier im Stammhaus sowie in den Münster Arkaden gibt es jeweils ein Bistro. Die Familie betreibt auch den Großen Kiepenkerl (▶ S. 95).
Bogenstr. 9 (am Kiepenkerl), T 0251 449 44, www.butterhandlung-holstein.de, Bus 5 Spiekerhof, Mo 15–19, Di–Fr 10–19, Sa 9–17 Uhr

Erstklassiges Vollkornbrot
Cibaria 🅰 G 5
Das Magazin Feinschmecker kürte die Vollkornbäckerei Cibaria zu einer der besten Bäckereien Deutschlands, auch der WDR-»Vorkoster« war voll des Lobs – zu Recht. Das Angebot reicht unter Leitung von Rike Kappler von schmackhaften Biobroten bis zu leckerem Vollkorn-Gebäck, darunter auch vegane Leckereien. Cibaria ist auch in den Bio-Supermärkten und auf den Wochenmärkten in Münster vertreten. Im Stammhaus an der Bremer Straße gibt es zudem einen kleinen Bioladen mit Stehcafé.
Bremer Str. 56, T 0251 675 47, www.cibaria.de, Bus 6, 8, 17, 33, 34 Hansaring, Mo–Fr 7–18.30, Sa 7–14 Uhr

Alles handgemacht
Die Marmeladenmanufaktur 🅰 F 5
Angela von der Goltz eröffnete dieses Geschäft mit viel Elan und einem Händchen für leckere Marmeladen. Die Palette reicht von einfachen Standardsorten bis zu Exotischem und Pikantem. Viele der Zutaten stammen aus der Region und sind bio – alles ist handgemacht.
Blücherstr. 16, T 0251 322 60 75, www.die-marmeladenmanufaktur.de, Bus 5 Friedrich-Ebert-Platz, Di–Fr 10–18, Sa 10–13 Uhr

Mekka für Kaffee und Tee
Mocca-Haus 🅰 Karte 2, F 3
Seit 1952 wird in dem Fachgeschäft am Südende des Prinzipalmarkts edler Kaffee aus eigener Rösterei. Daneben finden Sie hier eine exquisite Tee-Auswahl.
Rothenburg 53, T 0251 460 94, www.moccahaus.de, Bus Klemensstraße, Picasso-Museum, Mo–Fr 10–18.30, Sa 9.30–18 Uhr

200 Jahre Braukunst
Pinkus Müller 🅰 Karte 2, E 2
Einst gab es in Münster 150 Altbierbrauereien. Übriggeblieben ist nur Pinkus Müller im Kuhviertel. Seit 1816 braut das Familienunternehmen am Rosenplatz und mittlerweile auch in Laer. Bei Pinkus geht es biologisch zu, sodass mehrere Sorten das Bioland-Siegel tragen. Flaggschiff ist natürlich das Pinkus Alt, aber es gibt auch Pils, Weizen, Alkoholfreies und Malzbier. Ausgeschenkt werden die Biere in den Pinkus-Gaststätten nebenan und in vielen anderen Münsteraner Kneipen.
Rosenplatz 2, T 0251 451 51, www.pinkus.de, Bus 5 Kuhviertel, Mo–Fr 9.30–18, Sa 9.30–13 Uhr

REGIONALE PRODUKTE

Wer in Münster oder dem Münsterland ein Mitbringsel sucht, wird schnell fündig. Kulinarisch gehören das Schwarzbrot Pumpernickel, der Westfälische Knochenschinken und die feinen Pralinen der Konditoreien zu den typischen Produkten. Vom Rosenplatz in der Altstadt kommt das Pinkus-Bier. Moderne Craft-Bierbrauer aus Münster sind Finne und Gruthaus.
Der hochprozentige Korn wird in verschiedenen Brennereien der Region produziert. Bekannt ist z. B. Sasse aus Schöppingen. Ebenfalls typisch für das Münsterland ist die Blaudruckerei, die noch in Nottuln und Lüdinghausen ausgeübt wird (▶ S. 82).

MÄRKTE UND FLOHMÄRKTE

Buntes Markttreiben
Wochenmarkt Domplatz
🏛 Karte 2, E 3
Ein Besuch des Wochenmarkts auf dem Domplatz sollte unbedingt ins Programm gehören. Der große Platz verwandelt sich mittwochs und samstags in einen sehr bunten Markt mit rund 150 Ständen. Besonders reichhaltig ist das Angebot an Obst, Gemüse, Käse, Fleisch, Fisch, Brot, Kuchen und Blumen. Manche Händler kommen sogar aus den Niederlanden. Mittags treffen sich viele Münsteraner gerne auf dem Markt, um Fisch, Erbsensuppe, Frühlingsrollen oder Reibekuchen zu essen und anschließend gemütlich einen Kaffee an einem der vielen Stände zu trinken.
Domplatz, www.wochenmarkt-muenster.de, Bus Domplatz, Mi/Sa 7–14.30 Uhr

Alles bio
Ökologischer Bauernmarkt
🏛 Karte 2, E 3
Bio-Bauern, -Metzger und -Bäcker der Region verkaufen freitags ebenfalls auf dem Domplatz ihre saisonalen Produkte. Dabei steht viel Gemüse, Obst, Brot, Fleisch und Käse im Angebot. Es gibt auch einige Stände mit deftigen Gerichten.
Domplatz, www.oekomarkt-ms.de, Bus Domplatz, Fr 12–18 Uhr

Schnäppchenjagd auf der Promenade
Flohmarkt 🏛 D–F 2–4
Man erkennt es schon von weitem an dem unüberschaubaren Fahrradmeer, dass auf der Promenade zwischen dem nördlichen Ende des Schlossplatzes und dem südlichen Ende der Aegidiistraße wieder Flohmarkt ist. Im südlichen Teil geht es bei den Freizeit-Händlern sehr locker zu und es wird intensiv gefeilscht, während im nördlichen Teil eher gewerbliche Händler anzutreffen sind.
Promenade/Schlossplatz, www.flohmarkt-muenster.de, Bus 11, 12, 13, 22 Landgericht, Mai–Sept. jeden 3. Sa 8–16 Uhr

Adventsreigen
Weihnachtsmärkte 🏛 E/F 3
Ob im Rathausinnenhof, an der Lambertikirche, am Kiepenkerl, an der Überwasserkirche oder im Innenhof des Aegidiimarktes – ab Ende November dreht sich jedes Jahr alles um Weihnachten. Die Weihnachtsmärkte sind für Münster fast wie eine fünfte Jahreszeit.

GESCHENKE, DESIGN UND KURIOSES

Für den hohlen Zahn
Bömskes 🏛 Karte 2, F 3
Peter Stöpel und Timo Bernsmann verführen mit ihrer Bonbonmanufaktur zum Naschen. Mehrere Dutzend sehr bunter Sorten stehen zur Auswahl, auch zuckerfreie. Wem die Auswahl schwerfällt, kann sich im Workshop gleich an eigenen Kreationen versuchen. Oder man schaut im Laden der Herstellung zu.
Julius-Voos-Gasse 6, T 0251 20 81 93 84, https://bömskes.de, Bus Altstadt/Bült, Mo–Sa 10–18 Uhr

Handgemachte Brillen
Meister Michel 🏛 Karte 2, E 2
Optiker Detlef Michel ist ein Meister seines Fachs und fertigt die hochwertigen Brillen z. T. selbst. Von der Stange kann man in dem kleinen Laden am Ende der Kneipenmeile nichts kaufen, dafür sind individuelle Beratung und Maßanfertigung Trumpf.
Kreuzstr. 21, T 0251 51 95 27, www.meistermichel.de, Bus Kuhviertel, Münzstraße, Mo 15–20, Di–Fr 10–13, 15–20, Sa 12–16 Uhr

Schicke Mitbringsel
Münster Souvenirs 🏛 Karte 2, F 3
In dem Laden neben der Touristeninfo gibt es ein buntes Sortiment an Münster-Artikeln: Regenschirme, Taschen, Bücher, Kalender, Tassen und Münster-Spiele stehen im Angebot. Sogar Korn und Wurst werden verkauft – hier gibt es viele nette Geschenkideen.
Heinrich-Brüning-Str. 7 (bis Ende 2019: Klemensstr. 4), T 0251 98 16 003, www.muenster-souvenirs.de, Bus Klemensstraße, Mo–Sa 9.30–19 Uhr

Titus Dittmann gilt in der Szene als ›Skater-Papst‹.

MODE UND ACCESSOIRES

Designer-Schuhe und -Accessoires
Frau Schuh an der Kreuzkirche
🔒 E 1
»Frau Schuh« heißt eigentlich Barbara Wehmeyer und bietet in ihrem Laden an der Kreuzkirche eine gute Auswahl an modischen Designer-Schuhen, Taschen und Accessoires an.
Hoyastr. 7, T 0251 92 45 32 59, www.frau-schuh.de, Bus 15, 16 Hoyastraße, Di–Fr 10–18, Sa 10–14 Uhr

Bioklamotten
gruene wiese 🔒 Karte 2, E 3
An der Ecke Magdalenenstraße bietet dieser Laden Kleidung aus fairgehandelter Biowolle und recycelten Produkten für Frauen und Männer.
Spiekerhof 29, www.gruenewiese-shop.de, Bus 5 Spiekerhof, Mo–Fr 11–19, Sa 10.30–18 Uhr

Grün und fair
Frau Többen 🔒 E 5
Der freundliche Eckladen von Andrea Többen bietet ökologische Frauenmode und verfügt auch über eine entsprechende Herrenecke – ein überzeugendes Konzept. Nebenan befindet sich übrigens ein gut bestückter Weltladen.
Hammer Str. 55, T 0251 39 51 44 11, www.frautoebben.de, Bus 1, 9 St.-Joseph-Kirche, Di–Fr 10–13, 14–18, Sa 10–16 Uhr

Schmucke Kopfbedeckung
Hutmoden Schmedes 🔒 Karte 2, F 3
Mittlerweile hält das Traditionsgeschäft von 1881 in Sachen Hutmode in Münster alleine die Fahne hoch. Die Auswahl für Damen und Herren ist sehr groß, und es gibt auch ausgefallenere Modelle, wie z. B. Prinz-Heinrich-Mützen.
Salzstr. 36, T 0251 432 97, www.hutmoden-schmedes.de, Bus Servatiiplatz, Klemensstraße, Mo–Fr 10–18, Sa 10–16 Uhr

Beim Skaterpapst
Titus 🔒 Karte 2, E 4
Skaterpapst Titus Dittmann verkauft im ehemaligen Apollo-Filmtheater Skateboards und sportliche Jugendmode. Zum Skaten und Feiern bietet Titus seinen Skaters Palace im Süden der Stadt an.
Königsstr. 32–33, T 0251 14 49 90, www.titus.de/muenster, Bus Königsstraße, Ludgeriplatz, Mo–Do 11–19, Fr/Sa 10–19 Uhr

Bunte Schaufläche für Designer
Dein Kreativregal 🔒 Karte 2, E 2
Das Konzept ist einfach: Designer bieten ihre Produkte in dem hellen Laden an, sodass ein buntes, breites und wechselndes Angebot entsteht: von Schmuck über Mode und Kerzen bis zu Wohndeko und jahreszeitlichen Geschenkideen ist vielerlei da. Es lohnt sich zu stöbern.
Überwasserstr. 24, T 01520 88 234 71, https://dein-kreativregal.de, Bus 5 Kuhviertel, Di–Fr 13–18.30, Sa 11–16 Uhr

Picheln und schwofen

Wie bei einer großen Unistadt nicht anders zu erwarten, ist das Unterhaltungsangebot in Münster breit gefächert und bietet für jeden Geschmack etwas. Neben den rustikalen westfälischen Traditionslokalen in der Altstadt finden sich moderne Bars sowie eine große Zahl an studentischen Cafés und Kneipen.

Mehrere Theater sorgen zudem für hochwertige Kulturangebote, und hervorragende Programmkinos zeigen mehr als nur Blockbuster-Filme. Dazu kommen zahlreiche Locations für Live-Musik sowie Diskos für Nachtschwärmer – vor allem am Wochenende hat man die Qual der Wahl. Auch die schwul-lesbische Szene wird in Münster angesprochen. Aktuelle Infos dazu finden sich z. B. auf: www.kcm-muenster.de.

Was das Nightlife angeht, hat Münster eine gute Mischung aus Tradition und Moderne hinbekommen, die auf das ganze Münsterland ausstrahlt. ›Picheln‹ und ›schwofen‹ (Masematte für trinken und tanzen) ist in Münster sehr gut möglich. Zur Attraktivität trägt bei, dass es ein gut ausgebautes Nachtbusnetz in der Stadt und am Wochenende auch ins Umland gibt. In Münster selbst verkehren die Nachtbusse unter der Woche bis ca. 2 Uhr ab Hauptbahnhof, am Wochenende sogar rund um die Uhr.

ZUM SELBST ENTDECKEN

Da Münster nicht sehr groß ist, liegen die meisten Ausgehviertel relativ eng zusammen. In der **Altstadt** sind der Bereich zwischen Prinzipalmarkt und Kuhviertel sowie die Frauenstraße und Königsstraße beliebte Locations.

An schönen Abenden pilgern die Münsteraner zum **Aasee,** wo die Terrassen auch für Nachtschwärmer öffnen. Ebenfalls als Ausgehmeile sehr angesagt sind der **Hafen** und der benachbarte **Hawerkamp.**

Auch in den innenstadtnahen Stadtvierteln finden sich ansprechende Cafés und Kneipen. Eine höhere Konzentration trifft man an der Kreuzkirche an der Hammer Straße, am Hansaring, an der Wolbecker Straße und an der Warendorfer Straße.

Cavete: Münsters älteste Studikneipe

BARS UND KNEIPEN

Selbstgebrautes Bio-Bier
Finne ☼ F1
Die neue In-Kneipe im Kreuzviertel ist ein Kind der Craft-Beer-Revolution. Drei agile Nachwuchsbrauer zapfen an der Theke drei eigene Bio-Biere – die Brauerei ist gut sichtbar dahinter. Ergänzt wird das Angebot durch einige Gastbiere, auch von Pinkus, sowie Bio-Wein und einige Bio-Snacks.
Kerßenbrockstr. 8, T 0251 74 86 70 04, www.finne-brauerei.de, Bus 15, 16, N81 Nordplatz, 33, 34 Langemarckstraße, Di–Do 18–23, Fr–Sa 18–24 Uhr

Münsters erste Studentenkneipe
Cavete ☼ Karte 2, E 2
Münster 1958: In der Studentenzeitung »Semesterspiegel« beschwert sich der Student Wilfried Weustenfeld unter der Überschrift »Cavete Münster« (»Hütet euch vor Münster«) voll Bitterkeit, dass es in der Unistadt kein einziges Studentencafé oder eine Studikneipe gebe und folgert: »Arm der Student, der nichts als Münster kennt!« Dermaßen aufgeschreckt, wird sogar der Uni-Rektor aktiv und schickt zwei Studis auf Erkundungstour durch die Republik. Das Ergebnis ist die Gründung der ›Akademischen Bieranstalt Cavete‹ ein Jahr später, die bewegte Zeiten durchmachte. Die gemütliche Einrichtung aus dunklem Holz ist noch original, die Stimmung sehr gut. Herzhaft und z. T. bio ist das Essen, legendär sind die grünen Nudeln. Nebenan gehört ›Die Ziege‹, Münsters kleinste Kneipe, ebenfalls zum Haus.
Kreuzstr. 37–38, T 0251 414 35 16, www.muenster-cavete.de, Bus Kuhviertel, Münzstraße, So–Do 12–1, Fr–Sa 12–2 Uhr

Stimmung im Kuhviertel
Das Blaue Haus ☼ Karte 2, E 2
Ursprünglich war das Blaue Haus 1970 als Ableger der Cavete gegründet worden. Inzwischen ist die nette Traditionskneipe eine eigenständige Institution in der bunten Kreuzstraße. Auf zwei Etagen geht es in der »Akademischen

Bieranstalt« munter zu, es werden auch warme Gerichte angeboten.
Kreuzstr. 16–17, T 0251 421 51, www.blaue-haus-muenster.de, Bus Kuhviertel, Münzstraße, So–Do 12–1, Fr/Sa 12–2 Uhr

Helle Bistrokneipe
Eckstein ☼ G 4
An der Wolbecker Straße ist die Gastrokneipe mit ihren großen Fenstern sehr einladend. Es gibt unterschiedliche Sitzbereiche mit hellen Tischen. Die Bier- und Weinauswahl ist sehr ansprechend. So können die Gäste den Tag entspannt ausklingen lassen. Kulinarisch gibt es eine Wochenkarte mit Specials sowie am Montag ein günstiges Buffet mit wechselnden Schwerpunkten (auch vegetarisch/vegan).
Wolbecker Str. 71, T 0251 606 88 94, www.eckstein-muenster.de, Bus 11, 14, 22, R 22/32 Sophienstraße, tgl. ab 17 Uhr

Biertanke
Gasolin ☼ Karte 2, E 4
Der Name deutet es an: Die Café-Kneipe ist in einer ehemaligen Tankstelle untergebracht. Lockere Stimmung.
Aegidiistr. 45, T 0251 890 78 43, www.cafe-gasolin.de, Bus 2, 4, 10, 14 Schützenstraße, Mo–Fr 10–24, Sa/So 11–24 Uhr

Urgestein im Erphoviertel
Kasi's Kling Klang ☼ G 3
Das Kling Klang ist ein Oldie im Erphoviertel. Drinnen steht ein Pool-Tisch und auf der Terrasse genießt man abends die nette Atmo auf dem lauschigen Platz.
Erphostr. 2, T 0251 345 80, Bus 2, 10, N83 Zumsandestraße, Mo–Sa 17–1, So 17–23 Uhr

Nächtliches Brathähnchen
Nordstern ☼ E 1
Der Nordstern ist eine kleine Institution, weil hungrige Nachtschwärmer an der Kreuzkirche seit ewigen Zeiten bis 2.30 Uhr auf dem Weg nach Hause (oder vor der letzten Diskorunde) noch schnell ein Brathendl bestellen können. Schöner kleiner Biergarten.
Hoyastr. 3, T 0251 399 73 15, www.nordstern.de, Bus 15, 16, N81 Hoyastraße, Mo–Fr 16–3, Sa/So 11–3 Uhr

Wenn die Nacht beginnt

Münsters Kultbrauerei
Pinkus Müller Biergalerie
⚙ Karte 2, E 2

Neben der Altbierküche und der Brauerei betreibt Familie Müller auch noch diese rustikale Kneipe im Kuhviertel. Wer etwas zum ›Pinkus‹ essen möchte, kann aus einer verkleinerten Version der Restaurantkarte auswählen: Töttchen, Pannekoken oder was das Herz sonst so begehrt. Fazit: Eine gemütliche Traditionsadresse, im Sommer mit Tischen draußen.

Kreuzstr. 4, T 0251 703 66 99 22, www.pinkus. de, Bus Kuhviertel, Münzstraße, Mo–Fr 17 Uhr–open end, Sa 12 Uhr–open end

Eher alternativ
Plan B ⚙ G 5

Lockere Eckkneipe mit eher alternativem Einschlag. Vor allem am Wochenende locken die langen Öffnungszeiten ein spätes Publikum an. Regelmäßig sorgen DJs für rockige und punkige Sounds. Angesagt ist auch Musik aus den 1960er-/70er-Jahren.

Hansaring 9 (Ecke Soester Straße), T 0251 674 44 22, www.plan-b-ms.de, Bus 6, 8, 17, 33, 34, N85 Hansaring, So–Do 19–2, Fr–Sa 19–4 Uhr

Bei Dagi und Hannes
Spooky's ⚙ E 5

Dagi und Hannes leiten an der Hammer Straße gegenüber der St.-Joseph-Kirche mit viel Herz eine sehr familiäre und urgemütliche Rock- und Blueskneipe, die deshalb eine große eingeschworene Stammgefolgschaft hat. Hier wird auch Tatort und Fußball geguckt. Und die Mini-Schokoküsse, die Dagi gelegentlich verteilt, gehören einfach dazu.

Hammer Straße 66, T 0251 430 85, www. spookys.de, Bus 1, 9, N85 St.-Joseph-Kirche, Mo–Fr 17–2, Sa 15–3, So 15–1 Uhr

Hochprozentiges aus Schottland
Whisky Dungeon ⚙ Karte 2, F 4

Michel Reick ist ein ausgewiesener Whisky-Liebhaber, der sein Hobby zum Geschäft gemacht hat. In der ›hochprozentigen‹ Kneipe stehen mehr als 500 Whiskys – vor allem aus Schottland – zur Auswahl, die vor Ort auch im Shop erworben werden können. Dazu gibt es fachkundige Beratung. Gespielt wird Rockmusik, an der Decke hängen Gitarren und es gibt viele Tische mit Barhockern. Natürlich steht auf der Getränkekarte nicht nur Whisky – lockere Atmosphäre.

Konzerte der Extraklasse von Bands wie The Astro Zombies und Partys mit Namen wie Urban Underground. Gleis 22 ist immer am musikalischen Puls der Zeit.

Verspoel 13, T 0251 484 18 39, www.whisky-dungeon.com, Bus Ludgeriplatz, Königsstraße, Shop ab 17 Uhr, Kneipe Di–Fr 19–0.30/1, Sa 15–2 Uhr

Britischer Pub

The James ⚙ Karte 2, F 3

Der ›britische‹ Pub ist direkt neben dem ehemaligen Lotharinger Kloster im Martinihof angesiedelt. Es gibt einen kleinen Biergarten, und hinter der Theke sind sehr gute schottische Single Malts aufgereiht; gemütlich und einladend.

Hörster Str. 26, T 0251 48 44 712, www. thejames.de, Bus Hörstertor, Standesamt, Mo–Sa 18–1 Uhr

---

LIVE-MUSIK

Guter Mix

Gleis 22 ⚙ F 5

Das städtische Gleis 22 im Jugendbildungszentrum JiB ist aufgrund seines hervorragenden Programms weit über die Stadtgrenzen hinaus bekannt. In 25 Jahren traten hier mehr als 4000 Bands auf, und das ›Gleis‹ wirkt immer noch jung und frisch.

Hafenstr. 34, www.gleis22.de, Bus Von-Steuben-Straße, Konzerte ab 21 Uhr, Partys ab 22 Uhr

Konzerte und Disko

Jovel Music Hall ⚙ G 6

Das Jovel ist ein Münsteraner Urgewächs für gute Gigs auch mit bekannten Namen, das im ehemaligen Kiffe-Autohaus am Zugang zum Hawerkamp untergekommen ist. Besitzer Steffi Stephan ist Freund und Bassist von Udo Lindenberg mit Verbindungen in die bundesweite Musikszene. Nebenan befindet sich seit 2016 der Musicclub AMP (www.amp-ms.de).

Albersloher Weg 43, www.jovel.de, Bus 6, 8, N85 MCC Halle Münsterland, Partys ab 22 Uhr (zumeist samstags), plus Konzertabende

Jazz am Hafen

Hot Jazz Club ⚙ G 5

Der Laden im Keller eines ehemaligen Getreidespeichers gehört längst zu den Stammadressen am Hafen und ist aus Münster nicht mehr wegzudenken. Hier wird nicht nur feiner Jazz geboten, auch Salsa, Blues, Folk und Soul haben ihren Platz. Für den sonntäglichen ›After Church Club‹ und die montägliche ›Monday Night Session‹ ist der Eintritt frei, ansonsten wechselt der Eintritt je nach Konzert.

Hafenweg 26b, T 0251 68 66 79 08/09, www. hotjazzclub.de, Bus 6, 8, 17, N85 Stadtwerke/Hafen, Mai–Aug. Mo–Sa ab 18 Uhr, So ab 15 Uhr, sonst Mo–Sa ab 19, So ab 15 Uhr

Die Show der Stars

MCC Halle Münsterland ⚙ G 6

Die Halle Münsterland verfügt über die größte Konzerthalle von Münster. Hier treten regelmäßig große Stars auf. Dabei reicht das Programm vom Russischen Staatsballett über André Rieu bis zu Rock- und Popgrößen. Legendär: 1965 das erste Konzert der Rolling Stones in Deutschland.

WEINBARS

Nach dem Theaterbesuch oder dem Abendessen noch gemütlich ein Gläschen Wein trinken – im Martiniviertel gibt es dafür gleich zwei einladende Adressen in unmittelbarer Nähe des Theaters: Die **Vinothek am Theater** (Karte 2, F 2, Neubrückenstr. 16, T 0251 98 16 480, www.vinothekam theater.de, Bus Theater Münster, Mo–Sa 11–24, So 17–23 Uhr) ist ein sympathisches Weinlokal mit angeschlossenem Shop. Es gibt rund 25 offene Weine im Ausschank sowie Sekt. Zum Wein werden auch leckere Snacks und diverse Gerichte gereicht (9–19 €).
Eine ähnliche Anzahl offener Weine bietet das einladende Weinlokal **Schoppenstecher** (Karte 2, F 3, Hörsterstr. 18, Bus Altstadt/Bült, T 0251 47 114, Di–So 18–1 Uhr), das seit vielen Jahren eine sehr gute Auswahl an feinen Tropfen auf der Karte hat.

Wenn die Nacht beginnt

Albersloher Weg 32, T 0251 66 000, www.
mcc-halle-muensterland.de, Bus 6, 8, N85 MCC
Halle Münsterland

....

TANZEN

....

Heiße Rhythmen
Fusion Club ☼ G 6
In dem selbst ernannten »Home of
Electronic Music« werden die Nächte
lang, dafür starten sie aber auch spät.
Angesagt ist auf dem Main Floor und
dem kleineren House Floor zumeist Dis-
ko, jeden 2. Samstag im Monat findet
die Schwulen- und Lesben-›Emergency
Party‹ statt.
Hawerkamp 31, T 0251 48 16 90, www.
fusion-club.de, Bus 6, 8, N85 MCC Halle
Münsterland, Mi/Fr/Sa ab 23 Uhr (je nach
Veranstaltung)

Party und Rock
Sputnikhalle ☼ G 6
In den alten Werkshallen des alternativen Hawerkamps ist die Sputnikhalle ein Fixpunkt für Konzerte und
lange Nächte.
Am Hawerkamp 31, T 0251 66 20 62, www.
sputnikhalle.de, Bus 6, 8, N85 MCC Halle
Münsterland, Fr–Sa ab 23 Uhr

Hafen-Party
Coconut Beach ☼ G 6
2018 zog die angesagte ›Strand‹-Locati-
on vom Stadthafen I auf ein noch völlig
unerschlossenes Brachareal am Stadthafen II, am Rande des Hawerkamp.
Die neue Location erwies sich rasch als
Glücksgriff, weil sie sehr ungewöhnlich
und kernig stimmungsvoll ist. Hier
können die Nächte lang werden. Ob der
Beach mit der Eventlocation Heaven auf
Dauer hier bleibt, war bei Redaktionsschluss noch ungewiss – dieser Hafen-
bereich ist noch stark in Bewegung.
Hawerkamp 29c, T 0251 609 05 85, www.
coconutbeach.de, Bus 6, 8, 17, N85 MCC Halle
Münsterland, Beach Mai–Sept. Mo–Fr ab 15.30,
Sa/So ab 13 Uhr (bei gutem Wetter)

Zentral und populär
Schwarzes Schaf ☼ Karte 2, F 3
Die Türsteher am Alten Fischmarkt weisen den Weg, denn im Schwarzen Schaf
und im benachbarten ›Bullenkopp‹ ist
immer was los. Der Laden ist eine der
beliebtesten Nightlife-Adressen in der
Münsteraner Altstadt. Und nachmittags
laufen hier ab 15 Uhr Bundesligaspiele.
Alter Fischmarkt 26, T 0251 484 35 77, www.
schaf.ms, Bus Altstadt/Bült, Di–Fr 20–3, Sa
15–3 Uhr

Der Hawerkamp kann auch Open-Air: hier das Vainstream-Festival.

HÖHEPUNKTE DES MÜNSTERANER KULTURPROGRAMMS

Festivals und Großevents

Angesagt sind das Internationale Jazzfestival im Januar (zweijährig), die dreimal jährlich stattfindende Send-Kirmes, die Open-Air-Sommerfeste und Sportevents, die Weihnachtsmärkte und der Karneval, siehe www.muenster.de/stadt/tourismus/veranstaltungen.html

Theater Münster

Die städtischen Theaterbühnen bieten anspruchsvolles Schauspiel, Musik und Tanz. Mit dem Großen und Kleinen Haus sowie dem ›U2‹ verfügt das Theater über drei Bühnen.
Neubrückenstr. 63, T 0251 59 09 100, www.theater-muenster.com, Bus Theater Münster, Altstadt/Bült

Wolfgang-Borchert-Theater

Das 1956 gegründete WBT im Flechtheim-Speicher am Hafen setzt mit Intendant Meinhard Zanger kritische wie unterhaltsame Stücke mit sehr hoher Professionalität um.
Am Mittelhafen 10, T 0251 400 19, www.wolfgang-borchert-theater.de, Bus 6, 8, 17, N85 Stadtwerke/Hafen

Theater im Pumpenhaus

Münsters Bühne für zeitgenössisch Aufführungen und Tanz-Darbietungen. Gast-Ensembles treten in dem umgebauten Industriedenkmal auf.
Gartenstr. 123, T 0251 23 34 43, www.pumpenhaus.de, Bus 6, 8, 33, 34, N82 Pumpenhaus/Lublin-Ring

GOP Varieté-Theater Münster

Im ehemaligen Roland-Kino am Hauptbahnhof bringt die Varieté-Kette GOP sehr Unterhaltsames auf die Bühne.
Bahnhofstr. 20–22, T 0251 490 90 90, www.variete.de, Bus Hauptbahnhof

Boulevard Münster

Das Boulevard ist vor allem für Komödie zuständig; auch Kabarett.
Königsstr. 12–14 (Königspassage), T 0251 41 40 400, www.boulevard-muenster.de, Bus Picasso-Museum

Puppentheater Charivari

Seit 1986 spielen sich Kasper & Co. unter der Regie von Wilfried Plein in die Herzen der kleinen und großen Zuschauer. Der Nachmittag gehört den Kindern, abends werden im Charivari auch Erwachsenenstücke aufgeführt. Das Ambiente ist urig, die Puppen werden z. T. vor Ort gebaut.
Körnerstr. 3, T 0251 52 15 00, www.charivari-theater.de, Bus 2, 10, N83 Körnerstraße

Kinos

Die Programmkinos Cinema und Schlosstheater werden Jahr für Jahr für ihr anspruchsvolles Programm ausgezeichnet. Letzteres Kino zeigt in stilvollem Ambiente vor allem europäisches Kino. Das Cinema hat in Kooperation mit dem Verein ›Die Linse‹ immer wieder Spezialprogramme und thematische Filmtage im Angebot. Für die Blockbuster ist der Kinopalast Cineplex am Hafen zuständig.
Cinema: Karte G 3, Warendorfer Str. 47, T 0251 30 300, www.cinema-muenster.de, Bus 2, 10, N83 Zumsandestraße, mit Café Garbo (▶ S. 94)
Cineplex: Karte G 5, Albersloher Weg 14, T 0251 98 71 23 33, www.muenster.cineplex.de, Bus 6, 8, 17, N85 Stadtwerke/Hafen
Schlosstheater: Karte D 1, Kanonierplatz, T 0251 981 71 23 33, www.muenster.cineplex.de, Bus 9 Kanonierplatz, N85 Steinfurter Straße, mit Café Schlosstheater

Veranstaltungshinweise

Aktuelle Tipps bringen Westfälische Nachrichten (WN) und Münstersche Zeitung (MZ). Umfassende Tipps zu Gigs, Veranstaltungen und Kino liefert jeden Mittwoch die »na dann« (www.nadann.de). Kostenlose Kinozeitschriften sind »Kino Aktuell« (wöchentlich) sowie »Die Linse« (monatlich, allerdings nur für das Cinema).

Hin & weg

ANKUNFT

Hauptbahnhof
Der Münsteraner Hauptbahnhof liegt zwischen Berliner und Bremer Platz rund 1 km östlich vom Prinzipalmarkt (ca. 15 Min. Fußweg durch die Windthorststraße). Vor dem Hauptbahnhof halten auf dem Berliner Platz alle Stadt- und Regionalbuslinien, sodass ein Umstieg in den städtischen Nahverkehr bequem möglich ist. Ebenfalls direkt am Hauptbahnhof liegt das große Fahrradparkhaus mit eigenem Radverleih.

Fernbusbahnhof
Derzeit an der Ecke Hafenstraße/Friedrich-Ebert-Straße, ca. 500 m südlich vom Hauptbahnhof.

Flughafen Münster-Osnabrück
Der FMO (www.fmo.de) liegt ca. 20 km nördlich von Münster bei Greven. Vom FMO fahren regelmäßig Linienbusse (S50, D50, R51) in die Stadt.

INFORMATIONEN

Münster Information/ Münster Marketing:
Kontakt: T 0251 492 27 10, tourismus@stadt-muenster.de, www.tourismus.muenster.de.

Informationsbüros:
Stadthaus I, Heinrich-Brüning-Str. 9 (bis mind. Ende 2019: Syndikatplatz 3), T 0251 492 27 10, Mo–Fr 10–18, Sa 10–13 Uhr.
Bürgerhalle Rathaus, Prinzipalmarkt 10, T 0251 492 27 24, Di–Fr 10–17, Sa/So 10–16 Uhr.
Die städtische Touristeninfo von Münster Marketing beantwortet alle Fragen rund um einen Münster-Besuch. Auf der Webseite gibt es praktische Infos und Broschüren, auch zum Download. Vor Ort gibt es in den zwei zentralen Infobüros Auskünfte zu Besichtigungen, Veranstaltungen und Ausflügen. Zudem gibt es einen Skulpturenführer, eine Broschüre zum Friedenssaal im historischen Rathaus sowie den unterhaltsamen Krimiführer »Mörderisches Münster«.
Es ist möglich, bei der Münster Information vorab telefonisch oder im Internet oder aber spontan vor Ort ein Zimmer reservieren zu können (T 0251 492 27 26). Das Infobüro in der Bürgerhalle im Rathaus am Prinzipalmarkt hat sogar sonntags geöffnet und übernimmt dann die Zimmervermittlung vor Ort.
Im zentralen Büro im Stadthaus I liegen zudem Informationsbroschüren privater Anbieter zu Stadtführungen, Sehenswürdigkeiten, Ausstellungen, Theater- und Kinoprogrammen sowie zu vielen Aktivitäten in der Stadt aus. Für bestimmte Stadtführungen und Veranstaltungen lassen sich im Vorverkauf auch Tickets erwerben.

Münstercard: Das Kombiticket gewährt u. a. einmalig freien Eintritt in viele Museen, kostenlose Stadtführungen und -rundfahrten, Aasee-Touren, ein Mietrad sowie die unbeschränkte Nutzung des Nahverkehrs und diverse Rabatte (20/12 €/Tag; 30/16 €/zwei Kalendertage; www.muenstercard.de).

www.muenster.de: Die offizielle Webseite der Stadt Münster liefert viele nützliche Hintergrundinfos zur Stadt sowie zu Themen wie Politik, Verwaltung, Wirtschaft, Kultur, Soziales und Umwelt. Links führen z. B. zum Busfahrplan der Stadtwerke Münster.

www.muensterland-tourismus.de: Sehr informative touristische Webseite von Münsterland e. V., der die Tourismus-Aktivitäten in der Region koordiniert. Online gibt es u. a. viele Tipps für Rad-, Reit- und Kanutouren sowie Adressen von Unterkünften und Veranstaltungshinweise.

www.nadann.de: Online-Ausgabe des kostenlosen, unverzichtbaren

Wochenhefts mit Veranstaltungshin-
weisen, Kinoprogramm, Mensaplan
und zahlreichen Kleinanzeigen (u. a.
zur Wohnungssuche). Die Printausgabe
erscheint jeweils mittwochs.

REISEN MIT HANDICAP

Münster Information hat die nützliche
Broschüre »Barrierefrei durch Münster«
zusammengestellt (auch als PDF zum
Download: www.stadt-muenster.de/
tourismus/service-und-informationen.
html).

SICHERHEIT UND NOTFÄLLE

Münster ist im Allgemeinen eine sehr
sichere Stadt. Allerdings sollten Gäste
bei größeren Märkten vorsichtig sein.
Das größte Problem ist eigentlich der
Fahrraddiebstahl. Lassen Sie Ihr Fahrrad
niemals unabgeschlossen stehen und
versuchen Sie nachts unbedingt, ein
gutes Fahrrad in Ihrer Unterkunft sicher
einzustellen.
Im Notfall hilft der Polizeinotruf 110.
Die Polizei (T 0251 27 50) ist in der
Innenstadt in der Julius-Voos-Gasse mit
einer Wache präsent, das Polizeipräsi-
dium befindet sich am Friesenring 43.
Am Hauptbahnhof befindet sich für
Schadensfälle im Bahnhof oder in einem
Zug eine Dienststelle der Bundespolizei
(Bahnhofstr. 1, T 0251 97 43 70).

UMWELTFREUNDLICH UNTERWEGS

Öffentliche Verkehrsmittel
Münster hat einen effektiven und gut
ausgebauten öffentlichen Nahverkehr,
der sich vor allem auf Linienbusse stützt.
21 Stadtbuslinien, neun Schnellbuslinien
sowie weitere Regionalbusse bedienen
Münster tagsüber. Dazu kommen noch
diverse Taxibusse, für die man sich vorher
telefonisch anmelden muss (T 0251 694
50 00). Abends ab 21 Uhr verkehren im
Stadtgebiet bis ca. 2 Uhr sechs Nacht-
buslinien, die in den Nächten von Freitag

bis Sonntag sogar rund um die Uhr im
Einsatz sind und durch Nachtbusse ins
Umland ergänzt werden.
Zentraler Knotenpunkt des Busverkehrs
sind die Haltestellen auf dem Berliner
Platz vor dem Hauptbahnhof. Hier kann
man in alle Stadt- und Regionalbusse
umsteigen sowie bequem mit dem Zug
weiterfahren.
Für den Zugang zur Altstadt sind im
Süden die Haltestelle Ludgeriplatz sowie
im Norden die Haltestelle Altstadt/
Bült die wichtigsten Drehscheiben. Hier
halten sowohl Stadt- wie Regionalbusse. Einige Linien fahren quer durch
die Altstadt.

Tickets: Einzeltickets kosten im Stadtgebiet 3,30 € (Kinder 1,50 €); Kurzstre-
cke (bis zu vier Haltestellen) 1,80/0,80
€; 90 Min.Ticket (elekt.) 2 €; 4er-Tickets
(nur im Vorverkauf): 11,20/4,80 €.
Das 9-Uhr-Tages-Ticket kostet 6,30 €
und berechtigt zur Mitnahme von
bis zu drei Kindern. Gruppentickets
kosten in der 9 Uhr-Variante 12 € und
ganztags 14,50 €. Hier dürfen fünf
Personen mitfahren. Nachtbusse können
innerhalb von Münster zuschlagsfrei
genutzt werden, der Radtransport kostet
ganztags 1,70 €. Wichtig: Im Vorverkauf
an den Fahrkartenautomaten sind die
Tickets teils deutlich günstiger!
Für Fahrten ins Münsterland gelten
eigene Tarife. Auch diese Tickets gibt es
vorab an den Fahrkartenautomaten.

**Aktuelle Fahrplaninfos und Bera-
tung:** Service-Zentrum mobilé, Berliner
Platz 22, Mo–Fr 9–19, Sa 9–14 Uhr.
Telefonische Fahrplanauskunft:
T 01806 50 40 30 (rund um die Uhr
Fahrplaninfos zu Münster, Münsterland
und NRW)
Internet: www.stadtwerke-muenster.de
(Stadt), www.bus-und-bahn-im-muens
terland.de (Region).

Taxi
Am Hauptbahnhof und an vielen
anderen Standorten gibt es in Münster
Taxistände. Ein Taxi ist leicht zu
bekommen, außer manchmal an Sams-

tagabenden, bei großen Festivals, am Karnevalswochenende oder zu Silvester. Die städtischen Taxitarife in Münster belaufen sich Mo–Sa zwischen 6–22 Uhr auf 3,50 € Grundgebühr und 2,20 €/km. Nachts (22–6 Uhr) und an Sonntagen steigt der Tarif um 20 bzw. 30 Cent. Stand-/Wartezeit wird mit 26,20 €/Std. berechnet. Im Großraumtaxi bei mehr als vier Fahrgästen zusätzliche Grundgebühr von 6 €, Radtransport 3 €. Fahrten zum Flughafen Münster-Osnabrück kosten aus dem Stadtzentrum rund 54 €.
Taxibestellungen über die Taxizentrale (T 0251 600 11, www.taxi60011.de) oder den TaxiRuf (T 0251 255 00, www.taxi-muenster.de).

Radfahren
Innerstädtisch ist die Radfahrern und Fußgängern vorbehaltene Promenade rund um die Altstadt eine wunderbare Route, die zugleich als sicherer Zubringer auf dem Weg in die äußeren Stadtteile dient. Durch das sehr gut ausgebaute und beschilderte Radwegenetz ist es leicht, aus der Stadt herauszukommen und über kleine Pfade und Wirtschaftswege eine ›Pättkestour‹ ins Grüne zu machen. In diesem Buch werden drei mögliche Radausflüge empfohlen (▶ S. 67). Als Kartengrundlage empfiehlt sich dabei vor allem der offizielle Stadtplan bzw. der offizielle Fahrradstadtplan.
Für Touren jenseits der Stadtgrenzen gibt es von BVA drei Radfahrkarten für die angrenzenden Kreise Warendorf, Coesfeld und Steinfurt (jeweils im Maßstab 1:50 000). Münster liegt an mehreren Fernradwegen: Im Norden berührt der EmsRadweg von Warendorf und Telgte kommend bei Gelmer und Gittrup das Stadtgebiet und führt über Gimbte und Greven weiter Richtung Rheine. Im Osten erreicht der Werse Rad Weg von Ahlen und Drensteinfurt kommend bei Wolbeck das Stadtgebiet und führt dann über Angelmodde, Stapelskotten, Pleistermühle und Handorf nach Gelmer, wo der Radweg in den EmsRadweg mündet. Die internationale Europa-Route R1

führt aus den Niederlanden mitten durch das Stadtgebiet Richtung Berlin. Der Radweg am Dortmund-Ems-Kanal (DEK) quert das Stadtgebiet von Lüdinghausen im Süden kommend nach Rheine im Norden. Im Stadtgebiet verbindet er vom Venner Moor aus Amelsbüren und Hiltrup, den Hafen, Coerde, die Rieselfelder und Gelmer miteinander. Eine kleinere Route ist die sog. Friedensreiterroute zwischen Münster und Osnabrück. Infos rund ums Radfahren gibt es bei Münster Marketing, www.tourismus.muenster.de und bei Münsterland e. V., www.muensterland-tourismus.de.

Radverleih/Service:
In Münster stehen in zwei Radstationen rund 270 Räder zum Verleih. Dennoch kann es zwischen Frühjahr und Herbst an (schönen) Wochenenden schnell eng werden. Frühzeitiges Reservieren ist deshalb sehr ratsam. Kontakt über:
Radstation Hauptbahnhof: Karte 2, F/G 4, Berliner Platz 27a, T 0251 484 01 70, www.radstation.de, Mo–Fr 5.30–23, Sa/So 7–23 Uhr, Mietrad 8 €/Tag (auch Tandem und E-Bikes sowie Werkstatt, Filiale in der Stubengasse
Swapfiets: Aegidiistr. 46, 🗺 Karte 2, E 4, T 0172 586 44 59, https://swapfiets.de, Mo–Sa 10–18 Uhr, Mietrad 17,50 €/Monat, Studis 15 €/Monat (für längere Aufenthalte, mit kostenloser Reparaturgarantie)
Drahtesel: Karte 2, F 3, Servatiiplatz 7, T 0251 51 12 28 (Laden), 0251 484 04 04 (Werkstatt), www.drahtesel-muenster.de, Laden: Mo–Fr 10–19, Sa 10–16 Uhr, Werkstatt: Mo–Fr 8–19, Sa 10–16 Uhr. Großer Verkaufsladen mit Werkstatt, kein Verleih

STADTFÜHRUNGEN

Das Angebot ist sehr groß. Für Einzelgäste gibt es viele offene Führungen zu festen Terminen ohne Voranmeldung. Gute Anbieter sind:
Stadt Lupe: Heinrich-Brüning-Str. 9 (Stadthaus I), T 0251 492 27 70, www.

In Münsters Zentrum sind Fahrrad-Parkplätze knapp. Und auch das Radparkhaus am Hauptbahnhof ist gut gefüllt.

stadt-lupe.de. Zu den Klassikern gehört die offene Altstadtführung tgl. um 11 Uhr (9 €), die eine sehr gute Einführung für Münster-Besucher ist. Interessant sind auch die Krimiführung (Sa/So 15 Uhr, Mai–Okt. auch Sa 11 Uhr, 10 €) zu den Drehorten von Tatort und Wilsberg sowie der »historische Rundgang mit der Türmerin« (Sa 19 Uhr, 12 €).

StattReisen Münster: Rothenburg 47, T 0251 41 40 333, www.stattrei sen-muenster.de. Seit 1989 bietet StattReisen zu zahlreichen Themen und Stadtteilen sehr gut recherchierte Touren an, die häufig überraschende Einblicke in das aktuelle Leben und die Vergangenheit der Stadt Münster liefern.

Klassiker sind der Nachtwächter-Rundgang ab Rathaus, die Krimiführung »Krimistadt Münster« sowie der Altstadt-Rundgang »Münster jovel« mit Korn und Pumpernickel-Probe (8–9 €); auch Radführungen.

K3 Stadtführungen: Alter Steinweg 31, T 0251 143 25 16, www.k3.de/ muenster. Stadtführungen (ganzjährig Sa 14 Uhr, Mai–Okt. tgl. 14 Uhr, April–

Okt. auch Sa/So 11 Uhr, April–Nov. auch Fr/So 16 Uhr, 8,50 €) und kulinarische Führungen, Rad- und Hafentouren sowie Krimi-Rundgänge (8–33 €); auch Kombitickets für Stadtrundfahrten mit dem Münsterbus.

Stadtrundfahrten

Der Münsterbus: T 02594 909 67 93, www.muensterbus.ms, 9,50/4 € (Tagesticket). Der rote Doppeldeckerbus verkehrt als sogenanntes Hop-On-Hop-Off-Angebot tgl. von April–Dez., sonst nur Fr–So, u. a. ab Domplatz und Hauptbahnhof.

Angesteuert werden die Altstadt, das Schloss und der Aasee.

Kombitickets ermöglichen zusätzlich eine Schiffstour auf dem Aasee, das Leihen eines Rades ab Radstation Hauptbahnhof (s. o.) oder eine Stadtführung mit k3.

Prinzipal-Express: T 0172 530 78 32, www.prinzipal-express.de, ab 6 € (20 Min./Pers.). Mit der fast lautlosen Elektrokutsche werden Gäste stilvoll durch die Altstadt gefahren. Inklusive Abstecher zum Schloss und Aasee sind 8 € Pers. (30 Min.) fällig.

O-Ton Münster

»Cavete Münster«

Hütet euch vor Münster
Gelangweilte Studenten 1958

»Ekki,
die Autoschlüssel«

JOVEL

gut
(Masematte)

Privatdetektiv Georg Wilsberg ›leiht‹
sich wieder mal das Auto von
Freund Ekki Talkötter

frengeln

essen
(Masematte)

schovel

Leeze

schlecht
(Masematte)

SCHWOFEN

Fahrrad
(Masematte)

tanzen
(Masematte)

picheln

gued gaohn

trinken
(Masematte)

Mach's gut / Auf Wiedersehen
(Plattdeutsch)

»Wo geht es hier
zum Schloss?«

Erstsemester auf der Suche
nach der Univerwaltung

»Jetzt sterben Sie mal ruhig.
Ich rufe Sie dann später an.«

Typische Bemerkung von Tatort-Kommissar Frank Thiel zum
hassgeliebten Pathologen Karl-Friedrich Boerne

Register

Register

 Das Klima im Blick

Reisen bereichert und verbindet Menschen und Kulturen. Wer reist, erzeugt auch CO_2. Der Flugverkehr trägt mit bis zu 10 % zur globalen Erwärmung bei. Wer das Klima schützen will, sollte sich – wenn möglich – für eine schonendere Reiseform entscheiden oder die Projekte von atmosfair unterstützen. Flugpassagiere spenden einen kilometerabhängigen Beitrag für die von ihnen verursachten Emissionen und finanzieren damit Projekte in Entwicklungsländern, die dort den Ausstoß von Klimagasen verringern helfen (www.atmosfair.de). Auch die Mitarbeiter des DuMont Reiseverlags fliegen mit atmosfair!

Abbildungsnachweis

akg-images, Berlin: S. 120/6; 120/8 (Bildarchiv Steffens)

DuMont Bildarchiv, Ostfildern: S. 33, 66, 72, 92 (Arthur F. Selbach)

Fotolia, New York (USA): S. 41 (Martin Debus); 38 (olly); 59 (photofranz56); 52 (Ernst Pieber); 63 (Kitty)

Getty Images, München: S. 74 (Stefan Ziese)

Huber-Images, Garmisch-Partenkirchen: S. 44 (Reinhard Schmid)

iStock.com, Calgary (CA): S. 8/9 (unimatrixZxero)

laif, Köln: S. 90 (Bungert); 84 (Dirk Eisermann); 81 (Christoph Goedan); 14/15, 53 (Malte Jaeger); 87 (Martin Kirchner); 106 (Daniel Pilar); 103 (Ingo Rappers); 48, 113 (Tania Reinicke); 25 (Michael Trippel)

Look, München: S. 20 (robertharding); 7, 65 (Sabine Lubenow); 36 (Brigitte Merz); Titelbild, Faltplan (Jörn Sackermann); 67, 73, 83 (Heinz Wohner)

MATO, Hamburg: S. 104 (Sabine Lubenow)

Mauritius Images, Mittenwald: S. 120/3 (Alamy/ Stephen Bartholomew); 4 u. (Alamy/ Martin Bond); 120/2 (Alamy/Jaguar); 35 (Alamy/UKraft); 42 (foodcollection); 70 (imagebroker/ Wilfried Martin); 69 (imagebroker/Konrad Wothe); 79 (Werner Otto); 98 (Westend61/Knut Schulz)

picture-alliance, Frankfurt a. M.: S. 40 (Arco Images GmbH/C. Huetter); 96 (Arco Images GmbH/ W. Wirth); 47 (augenblick/firo Sportphoto/Jürgen Fromme); 120/7 (dpa/ Christian Charisius); 120/5 (dpa/Horst Galuschka); 57, 60, 94, 120/9 (dpa/Friso Gentsch); 86 (dpa/Marcel Kusch); 24, 32, 56, 120/4 (dpa/Caroline Seidel); 23, 29, 50 (dpa/Bernd Thissen); 4 o., 77 (dpa/ Rolf Vennenbernd); 108 (Ralph Goldmann); 12/13, 27 (Daniel Kalker)

Presseamt Münster: S. 16/17, 28, 62, 100 (Angelika Klauser); 49 (MünsterView)

Sleep Station, Münster: S. 88 (Alina Warnecke)

Wikimedia Commons: S. 120/1 (CC PD)

Zeichnungen S. 2,11, 21, 26, 42, 47, 65, Umschlagklappe hinten: Gerald Konopik, Fürstenfeldbruck

Zeichnung S. 5: Antonia Selzer, Lörrach

© VG Bild-Kunst, Bonn 2019: S. 32: »Electric Rose«, Otto Piene; S. 29: Gemälde von Pablo Picasso

Kartografie

DuMont Reisekartografie, Fürstenfeldbruck

© DuMont Reiseverlag, Ostfildern

Umschlagfoto

Titelbild: Kreativkai im Hafen am Dortmund-Ems-Kanal

Hinweis: Autor und Verlag haben alle Informationen mit größtmöglicher Sorgfalt geprüft. Gleichwohl sind Fehler nicht vollständig auszuschließen. Alle Angaben erfolgen ohne Gewähr. Bitte schreiben Sie uns! Über Ihre Rückmeldung zum Buch und Verbesserungsvorschläge freuen sich Autor und Verlag:

DuMont Reiseverlag, Postfach 3151, 73751 Ostfildern, info@dumontreise.de, www.dumontreise.de

FSC
www.fsc.org
MIX
Papier aus verantwortungsvollen Quellen
FSC® C124385

2., aktualisierte Auflage 2019
© DuMont Reiseverlag, Ostfildern
Alle Rechte vorbehalten
Autor: Matthias Eickhoff
Lektorat: Silke & Tobias Büscher, Sebastian Schaffmeister
Bildredaktion: Stefan Scholtz
Grafisches Konzept: Eggers+Diaper, Potsdam
Printed in China

Kennen Sie die?

Annette von Droste-Hülshoff
Schriftstellerin (1797–1848) und Autorin der »Judenbuche« und von »Der Knabe im Moor«

Franka Potente
Filmschauspielerin (geb. 1974), u.a. in »Lola rennt« und »Die Bourne Identität«

Ingrid Klimke
Wurde genau wie ihr Vater Reiner Olympiasiegerin im Dressurreiten

Martje Saljé
Arbeitet seit 2014 als Türmerin von Lamberti auf Münsters höchstem Arbeitsplatz

Jürgen Kehrer
Krimi-Autor (geb. 1955) und Erfinder des Privatdetektivs Georg Wilsberg

Kardinal von Galen
Predigte 1941 gegen das Euthanasie-Programm der Nazis

Steffi Stephan
Langjähriger Bassist in Udo Lindenbergs Panikorchester und Jovel-Gründer

Bischof Liudger
Gründete 805 das Bistum Münster und gilt seither als Stadtvater

Trauer-Schwänin Petra
Herzzerreißendes Liebesdrama 2006–08 zwischen einer schwarzen Schwänin und einem weißen Schwan-Tretboot